L'immigration en France

Si aujourd'hui la France compte 4,3 millions d'immigrés et 3,3 millions d'étrangers parmi 60 millions d'habitants, l'immigration concerne toute la population française.

Du malaise social persistant dans les banlieues aux mouvements de xénophobie et de haine, qui ne doivent pas occulter les exemples réussis du métissage, ce thème est au cœur de l'actualité qui fait la société française. En quoi les immigrés ont-ils influé sur la démographie et l'économie ? Quelle est la réalité de la présence étrangère en France ? Comment les différentes nationalités s'intègrent-elles ? Que signifie de nos jours être un jeune issu de l'immigration ? Comment chacun affirme-t-il des identités multiples ?

Voilà quelques-unes des interrogations auxquelles cet ouvrage veut tenter de répondre. Certes, sans prétendre aborder ce thème complexe de façon exhaustive, il entend rompre avec les fausses évidences qui nourrissent les polémiques.

Définir l'immigration

Le terme d'immigration désigne à la fois un mouvement et le résultat de ce mouvement. Français, immigrés et étrangers, tous appartiennent à la population française, mais sont tantôt confondus, tantôt distingués, à tort.

Chiffrer l'immigration

Les recensements de la population française qui ont lieu tous les 7 ou 8 ans (le dernier date de 1999) sont les sources d'informations les plus fiables et les plus précises sur l'immigration. Au-delà, les données chiffrées reposent sur des estimations établies à partir de sondages.

Au-delà des fausses évidences

Si par définition l'immigré est celui qui est « venu de l'étranger », dans le langage courant, il est celui que l'on croit reconnaître d'après une nationalité supposée, un statut social, une apparence, une couleur de peau... Pour exemple, un cadre supérieur américain travaillant en France sera plus rarement qualifié d'immigré qu'un jeune chômeur né dans l'Hexagone de parents algériens. Or, l'un est un immigré étranger, l'autre, français de naissance, n'est jamais venu du pays d'origine de ses parents.

L'immigré n'est pas forcément un étranger

Immigré ou étranger ? Ces deux termes recouvrent deux réalités distinctes. Le premier fait référence au mouvement d'un pays d'origine à un pays d'accueil, le second à une nationalité. Tous les étrangers ne sont donc pas forcément des immigrés. Certains sont nés en France et gardent la nationalité de leurs parents étrangers. Inversement, les immigrés ne sont pas nécessairement des étrangers, nombre d'entre eux étant devenus français après leur installation sur le territoire.

4,3 millions d'immigrés et 3,3 millions d'étrangers

Français ou étrangers ? Tous, se trouvant sur le sol français, appartiennent à la « population française ». Le recensement s'effectuant sur le seul critère de la nationalité, en 1999, 55,3 millions de Français et 3,3 millions d'étrangers ont été comptabilisés.

L'immigration
Nouvelle édition
EMMANUEL VAILLANT

LES ESSENTIELS MILAN

Sommaire

Les mots suivis d'un astérisque (*) sont expliqués dans le glossaire.

Quant aux immigrés, évalués d'après leur lieu de naissance à l'étranger, ils étaient cette même année 4,3 millions dont 2,8 millions d'étrangers et 1,6 million de Français par acquisition. On distingue en effet les immigrés devenus français et ceux restés étrangers.

Français sans distinction d'origine

Français « de souche » ou « d'origine étrangère » ? Chacun est tenté d'interroger ses origines en remontant le temps, comme pour légitimer sa place dans la société. Or, cette quête est non seulement vaine, tant les racines sont entremêlées, mais elle est surtout discriminatoire. En fonction de quelle histoire ou sur quels critères d'ancienneté peut-on établir qu'Untel est plus français qu'un autre ?

Différencier sans discriminer

Cependant, comprendre l'immigration impose d'étudier toutes les trajectoires des populations concernées et notamment des enfants nés en France de parents immigrés qui sont pour la plupart français. Pour ce faire, le seul critère de nationalité se révèle inutile. C'est pourquoi, dans un souci explicatif, on parle de « populations issues de l'immigration ».

Les immigrés ne sont pas forcément des étrangers et les étrangers pas nécessairement des immigrés. Parmi les immigrés, certains sont devenus français. Étrangers, Français ou immigrés, tous sont issus de l'immigration.

Source INSEE, recensement 1999	Ensemble des Français : 55,3 millions
	Français de naissance ou par acquisition nés en France : 53,7 millions
	Français par acquisition nés hors de France : 1,6 million
Ensemble des immigrés : 4,3 millions	Étrangers nés hors de France : 2,8 millions
	Étrangers nés en France : 0,5 million
	Ensemble des étrangers : 3,3 millions

Aux origines de la nation française

Au carrefour de l'Europe, la France s'est constituée par vagues successives de populations qui se sont fondues dans un ensemble commun, une nation en construction.

Terre de métissages

Il y a deux millions d'années, les premiers habitants qui ont peuplé la France dans ses frontières actuelles étaient déjà des émigrants, issus du continent africain. Plus tard, au premier millénaire avant notre ère, les Celtes partis d'Orient, voire d'Asie Mineure, s'imposent et donnent naissance aux Gaulois. La légende en fera « nos ancêtres ». Mais dans les faits, les descendants de Vercingétorix se perdent dans les multiples invasions qui vont suivre. À la suite des Romains, les « barbares » se succèdent à partir du IVe siècle : les Francs, les Alamans, les Wisigoths, les Burgondes, les Huns, etc.

Enfin, aux IXe et Xe siècles, les Hongrois, les Sarrasins et les Normands envahissent l'empire de Charlemagne. Depuis la préhistoire, ces vagues de peuplement ont façonné la diversité régionale de la population française.

Un pays en mosaïque

Au XIe siècle, les grandes migrations sont plus rares. Progressivement unifiée par le christianisme, la France du Moyen Âge est une mosaïque de peuples qui s'enracinent localement en préservant chacun leurs coutumes et leur patois. L'étranger (du latin *externeus*) est celui qui est « extérieur au pays », un « pays » qui se limite à une région ou à un simple village. Pour renforcer leur pouvoir, seuls les seigneurs s'intéressent aux « aubains », terme désignant ceux qui appartiennent à un autre royaume. Au XVe siècle, Louis XI protège les marchands étrangers qui apportent de nouvelles techniques. L'Europe défile à la cour de France où mariages et alliances se font et se défont

fondements   contexte   mouvements

sans vraiment tenir compte de frontières encore floues. Artistes italiens, drapiers hollandais, imprimeurs germaniques, mercenaires suisses ou espagnols se succèdent auprès des souverains. Certains marqueront l'histoire et la culture françaises, tels le cardinal Mazarin, le compositeur Lully, tous deux d'origine italienne, ou encore le philosophe Jean-Jacques Rousseau, né à Genève en 1712.

Le cardinal Mazarin (1602-1661), Italien d'origine, déclarait qu'« au galant homme tout pays est patrie ».

Vers l'unité nationale

Du XVIe au XVIIIe siècle, la France est une terre de départ vers le reste du monde plus qu'une terre d'arrivée. Dans les campagnes, on se dit picard, normand, alsacien, basque ou breton plutôt que français. Dans les villes, l'étranger appartient à l'élite cosmopolite*. On ne peut donc faire de véritable distinction entre un Français et un étranger. La révolution de 1789, avec ses idéaux de liberté et d'égalité, confirme cet état de fait en offrant aux étrangers les mêmes droits qu'aux citoyens français. Mais la guerre contre l'Autriche, la Prusse et l'Angleterre menace bientôt l'unité de la République et ses frontières. Une suspicion s'installe vis-à-vis de tous ceux qui n'appartiennent pas à la « République ». L'idée de nationalité s'impose alors face à l'étranger. Les droits publics et politiques deviennent un attribut exclusif de la citoyenneté française.

La population française résulte d'une multitude de métissages qui ont débuté aux âges préhistoriques. Un processus d'assimilation aboutit à la constitution d'une nation dans laquelle l'étranger tient une place à part.

Le tournant de 1789

En proclamant que « *l'étranger aura désormais des droits en tant qu'homme et même vocation à l'égalité envers le national* », la Déclaration des droits de l'homme et du citoyen de 1789 est la première étape d'une reconnaissance de « *la nationalité comme critère essentiel grâce auquel se distingue l'étranger* ». Mais l'interprétation de ce principe évoluera au cours du temps. Ainsi, dès 1793, un décret ordonne l'arrestation et l'expulsion de tous les étrangers qui ne peuvent pas attester de « *leur dévouement et de leur utilité à la République* ».

Le tournant du XIXᵉ siècle

La première vague d'immigration en France, phénomène désigné en tant que tel, coïncide au milieu du XIXᵉ siècle avec un fort développement économique. Mais cette main-d'œuvre étrangère, en majorité belge et italienne, doit bientôt faire face à l'hostilité de la population française.

La vague de 1850 à 1881

La révolution industrielle transforme radicalement l'économie française. Des hauts fourneaux aux usines textiles, le besoin en ouvriers non qualifiés s'accroît tandis que l'agriculture occupe encore plus de la moitié de la population active*. Les paysans restant attachés au travail de la terre et les classes moyennes (comme les commerçants) s'étoffant, le recours à une main-d'œuvre étrangère est indispensable pour faire tourner les usines. Ouvriers belges, italiens, espagnols, allemands et suisses qui jusqu'alors travaillaient épisodiquement en France sont désormais incités à affluer vers les centres industriels. Cette immigration est aussi encouragée pour combler un déficit démographique. Ainsi, en trente ans, le nombre d'étrangers s'accroît-il de 380 000 en 1851, date du premier recensement national, à plus d'1 million en 1881, soit, en proportion, de 1 à 2,6 % de la population française.

> « Ils arrivent, telles des sauterelles [...] Ils sont sales, tristes, loqueteux. Tribus entières immigrant vers le Nord, où les champs ne sont pas dévastés, où on mange, où on boit, ils s'installent chez les leurs, entre eux, demeurant étrangers au peuple qui les accueille, travaillant à prix réduit, jouant tour à tour de l'accordéon et du couteau. »
> Extrait d'un article du journal *La Patrie* en 1896.

Belges et Italiens en tête

Employés dans l'industrie textile ou minière du Nord, les Belges forment la plus importante communauté étrangère. À partir de 1900, ils sont supplantés par les Italiens. Ceux-ci travaillent dans le bâtiment, les mines, les ports, la métallurgie et l'industrie

fondements   contexte   mouvements

chimique. Ils forment avec les Belges les deux tiers des effectifs étrangers, devant les Espagnols, les Allemands et les Suisses. Vivant dans des conditions souvent précaires mais bénéficiant quasiment des mêmes droits que les Français, une partie d'entre eux s'installent définitivement avec leur famille. En 1891, la France compte 1,13 million d'étrangers, dont un tiers est né sur le territoire.

Premières violences xénophobes

Accusés de « faire baisser les salaires » ou de « prendre le travail des Français », les Belges, surnommés les « pots d'beurre », sont décrits comme des « brutes ». Les Italiens, fervents catholiques, sont traités de « Christos » par des ouvriers français en lutte pour la laïcité. En août 1893, à Aigues-Mortes, plusieurs centaines d'entre eux seront même lynchés. Les réfugiés politiques, notamment des Russes et des Juifs chassés d'Europe centrale, ne sont pas épargnés par une xénophobie* qui s'explique plus par des raisons politiques et culturelles qu'économiques.

Une « identité française » en construction

À la fin du XIXe siècle, le refus de l'autre, de celui qui exprime sa différence par sa langue, son corps ou sa nourriture est d'autant plus fort que la IIIe République (1875-1940) a engagé le pays dans une phase d'unification nationale. Le chemin de fer désenclave les campagnes. La presse pénètre les foyers. L'école laïque et obligatoire pour tous diffuse une langue et une histoire communes. La carte d'identité nationale est instaurée. Tout ce qui est considéré comme « national » est magnifié face à l'étranger, notamment l'Allemagne. En conséquence, les particularismes régionaux doivent s'estomper. Bretons, Auvergnats, Alsaciens, Gascons, etc., deviennent les citoyens d'une même République partageant les mêmes valeurs. La distinction entre Français et étrangers est désormais marquée. Ces derniers se retrouvent alors en marge de la société française.

De 1850 à 1881, la première vague d'immigration belge et italienne participe au développement économique de la France mais pose problème face à l'émergence d'une « identité française ».

Flux et reflux des années 1920 et 1930

La période de l'entre-deux-guerres connaît une deuxième vague d'immigration. Belges, Italiens et Polonais viennent travailler et s'installer en France avant que n'éclate la crise des années 1930.

Une immigration planifiée

Au début du XXᵉ siècle, les flux migratoires fléchissent sous l'effet de la crise économique. En 1911, la France compte 1,16 million d'étrangers (contre 1,13 million en 1891), soit 3 % de la population. Malgré l'enracinement de ces immigrés, Italiens et Belges en tête, l'insuffisance de main-d'œuvre est toujours d'actualité. Si des conventions ont été signées avec l'Italie (1904) et la Belgique (1906) pour assurer un flux régulier et contrôlé de travailleurs immigrés, le mouvement doit être accéléré pour renforcer la capacité de production des usines. L'immigration devient une affaire d'État. Quand la Première Guerre mondiale éclate, Polonais et Espagnols remplacent ouvriers et paysans français partis dans les tranchées. Puis, pour renflouer les rangs d'une armée décimée, des soldats sont recrutés dans les colonies françaises.

Pendant la guerre de 1914-1918, des Sénégalais, basés à Toulon, poussent des wagons remplis d'obus.

fondements   contexte   mouvements

La deuxième vague, de 1920 à 1931

À la fin du conflit de 1914-1918, la France est « le pays des places vides ». Son déficit démographique s'évalue à 1,5 million d'individus. L'agriculture et l'industrie manquent de bras. Mais les Français aptes à travailler, étant mieux scolarisés et plus urbanisés, aspirent à des emplois dans le secteur tertiaire (fonctionnaires, employés, etc.). Pour répondre aux besoins des entreprises, la Société générale d'immigration, un organisme privé, est alors chargée d'organiser le recrutement d'étrangers. Priorité est donnée à une main-d'œuvre européenne, jugée « plus facilement intégrable ». Entre 1921 et 1926, environ 225 000 étrangers par an viennent participer à l'industrialisation et au repeuplement de la France. Dès 1931, les Polonais représentent la deuxième communauté étrangère derrière les Italiens et devant les Espagnols. Avec 2,7 millions d'étrangers pour 41,2 millions d'habitants (6,58 % de la population nationale), la France est, relativement à sa population, le premier pays d'immigration au monde.

> « La question de l'intégration des immigrés ne commence véritablement à se poser que dans l'entre-deux-guerres, c'est-à-dire après que l'intégration nationale des classes populaires ait été réalisée. Ce n'est pas un hasard. Pour que l'étrangeté des immigrés apparaisse dans la conscience collective, il fallait que les Français se perçoivent eux-mêmes comme un tout homogène, un collectif ayant des intérêts à défendre. »
> Gérard Noiriel, *Population, immigration et identité nationale en France aux XIX* et *XX* siècle.

Le reflux des années 1930

La crise économique des années 1930 conduit les gouvernements à prendre des mesures restrictives. En 1932, une loi fixe des quotas d'étrangers dans les entreprises ; en 1934, la carte de travail n'est plus accordée aux nouveaux migrants, et en 1935, les chômeurs étrangers sont expulsés. Un climat xénophobe s'instaure. Si l'accès à la nationalité française reste facilité et si l'accueil de réfugiés politiques (Juifs d'Europe de l'Est, antifascistes italiens, républicains espagnols, etc.) se poursuit, la France compte, en 1936, 500 000 étrangers de moins qu'en 1931. En fait, une nouvelle politique d'immigration suggère une sélection des étrangers, en fonction de leur « utilité économique » et de leur « degré d'assimilabilité ». Cette logique discriminatoire sera d'ailleurs appliquée sous le régime de Vichy*.

De 1920 à 1931, un deuxième flux de populations étrangères répond aux besoins de l'économie et du repeuplement de la France, qui devient alors le premier pays d'immigration au monde mais prend, dès 1932, des mesures discriminatoires contre les travailleurs étrangers.

Les « Ritals », les « Polaks » et les autres

Dans les années 1930, la présence des immigrés se heurte à la xénophobie d'une société française en crise.

Les populations étrangères dans le tissu économique

Durant la première moitié du XXe siècle, la population étrangère évolue selon les cycles de l'activité économique française. Elle augmente en période de croissance, puis se stabilise et décroît lors des crises. Les étrangers, installés entre 1920 et 1931, participent à l'industrialisation de la France en occupant les postes les moins qualifiés qui sont délaissés par les Français. En 1931, 70 % des étrangers exercent des emplois d'ouvriers. Jeunes (les trois quarts ont moins de 30 ans) et essentiellement de sexe masculin, ces nouveaux immigrants se sédentarisent*. Installé dans le Bassin parisien, dans les régions minières et industrielles du Nord et de l'Est, des Alpes à la Méditerranée et dans les Pyrénées, ils sont souvent regroupés par village ou par région d'origine. Certains départements, telles les Bouches-du-Rhône et les Alpes-Maritimes, comptent jusqu'à 20 % d'étrangers.

Encadrés dans des structures familiales et par l'Église, leur taux de natalité est supérieur à celui de la population nationale. Dans les villes, ils sont nombreux à créer une petite entreprise familiale : café, salon de coiffure, épicerie, entreprise de maçonnerie, etc.

> « Les Ritals, on est mal piffés. C'est parce qu'il y en a tellement, par ici. Les mômes français ne risquent pas le bout de leurs pompes dans nos rues à Ritals, mais à l'école, là, ils se rattrapent. Se sentent costauds, les petites vipères. On voit bien que leurs parents ne se privent pas de débloquer sur nous autres, à la maison. Tiens, rien que le genre de vacheries que ces merdeux nous balancent, ça pue la connerie de leurs vieux : "Les Ritals, vous êtes bons qu'à jouer de la mandoline !" De mandoline, j'en ai seulement jamais vu... "Dans votre pays de paumés, on crève de faim, alors vous êtes bien contents de venir bouffer le pain des Français !" Pardi. C'est normal, non. S'ils se laissaient mourir sur leurs tas de cailloux, les Ritals, on les traiterait de feignants. »
> Cavanna, Les Ritals.

fondements   contexte   mouvements

Aux origines de la xénophobie

Belges, Italiens ou Polonais, ces immigrés, aujourd'hui considérés comme proches des Français culturellement, sont, dans les années 1930, souvent rejetés par la société française.

Les Polonais, surnommés les « Polaks », sont jugés « inassimilables », et les Italiens sont traités de « Ritals » ou de « Macaronis ».

Cette xénophobie*, qui s'exprime dans les discours mais aussi par des actes de violence, est souvent plus virulente dans les régions frontalières.

Pour les Français en quête d'identité et d'appartenance à la société, l'étranger est ressenti comme une menace. Cette attitude est accentuée en période de crise : le chômage se développant, les étrangers deviennent des boucs émissaires. Ils sont accusés d'occuper les postes que les Français ont pourtant délaissés.

Enfin, avant la Seconde Guerre mondiale, les partis politiques d'extrême droite récupèrent ces mécontentements par des discours simplistes mais efficaces.

Dans le Nord de la France, en 1934, des immigrants polonais travaillant dans les mines sont expulsés pour avoir « fomenté » des grèves de « gueules noires ».

La place des étrangers en France est étroitement liée aux cycles de l'économie. Dans les années 1930, leur intégration dans la société française se heurte à des réactions de xénophobie.

Les « trente glorieuses »

De 1945 à 1974, la période de reconstruction de la France des « trente glorieuses » est marquée par une forte immigration, notamment maghrébine. Encouragée à venir par l'État, cette main-d'œuvre souple et peu onéreuse est jugée provisoire.

La logique d'une politique

En 1945, les besoins en main-d'œuvre pour la reconstruction économique d'après-guerre sont énormes. Or, le nombre d'actifs* est insuffisant. Refoulés sous l'Occupation et par le régime de Vichy*, les étrangers ne sont plus que 1,4 million (contre 2,2 millions en 1936). Deux ordonnances sont adoptées (le 19 octobre et le 2 novembre 1945). Elles définissent les conditions d'accès à la nationalité, d'entrée et de séjour des étrangers en France ainsi que leurs statuts juridiques. L'Office national de l'immigration* (ONI) recrute des travailleurs étrangers dans le cadre de conventions signées entre les États et favorise le regroupement familial* en vue du repeuplement de la nation. L'État français dispose ainsi du monopole de l'introduction de la main-d'œuvre étrangère.

> Selon l'expression du général de Gaulle, il s'agit, dans l'après-guerre, « *d'introduire, avec méthode et intelligence, de bons éléments d'immigration dans la collectivité française* ».

De 1954 à 1974 : un flux de 1,7 million d'étrangers

Jusqu'au début des années 1950, les Italiens et, dans une moindre mesure, les Espagnols et les Polonais, sont incités à venir s'installer avec leur famille. Mais nombre d'entre eux sont découragés par la lourdeur du système de recrutement. À l'inverse des Algériens (*voir* encadré) qui, étant citoyens français, circulent librement en métropole. Aussi, lorsqu'en 1954, la reprise

fondements   contexte   mouvements

économique s'amorce, ceux-ci seront les premiers à répondre aux appels de l'industrie automobile, de la sidérurgie, du bâtiment et des travaux publics. De 1954 à 1974, la France connaît alors la vague d'immigration la plus massive de son histoire. Des accords sont signés avec le Maroc et la Tunisie. Des « rabatteurs » de grandes entreprises françaises recrutent dans les villages marocains, tunisiens ou portugais. Quant aux Algériens, dans le contexte de la guerre d'indépendance (1954-1962), les autorités françaises tentent de limiter leur immigration. En vain.

> « *L'immigration est un moyen de créer une certaine détente sur le marché du travail et de résister à la pression sociale.* » Déclaration du Premier ministre Georges Pompidou en septembre 1963 devant l'Assemblée nationale.

La figure du « travailleur immigré »

En 1968, la France compte 2,62 millions d'étrangers (5,3 % de la population). Les Espagnols sont désormais les plus nombreux, devant les Italiens et les Algériens. Mais la mission de l'ONI s'est en partie soldée par un échec : depuis 1965, plus des trois quarts des immigrés arrivent en France en dehors de ce canal officiel. Entre 1946 et 1977, cet organisme aura tout de même régularisé près de 2,5 millions de travailleurs permanents étrangers. À la fin des années 1960, l'impératif démographique est abandonné. Les immigrés sont essentiellement des travailleurs célibataires. Ils forment une main-d'œuvre bon marché, employée à des travaux pénibles. La figure moderne du « travailleur immigré » est née : celle d'un ouvrier peu qualifié, vivant le plus souvent en foyer ou dans des logements précaires, d'origine maghrébine et censé s'installer provisoirement en France.

> De 1954 à 1974, la France connaît la plus importante vague d'immigration de son histoire. Une main-d'œuvre en majorité d'origine maghrébine participe au redressement économique du pays, tout en étant considérée comme provisoire.

Le cas algérien

Citoyens français de 1947 à 1962, les Algériens n'apparaissent pas dans les statistiques recensant les étrangers en France sur cette période. En outre, la guerre d'indépendance crée une situation douloureuse pour ces immigrés qui, après 1962, seront pourtant peu nombreux à repartir. Mais pour les autorités françaises, ils seront, plus que les autres, longtemps considérés comme des travailleurs temporaires.

Le coup d'arrêt

La crise économique du début des années 1970 entraîne la suspension officielle de toute immigration. Le fléchissement des flux de travailleurs étrangers au profit du regroupement familial est signe d'une installation durable.

L'immigration suspendue...

En 1974, comme l'ensemble des pays occidentaux, la France est touchée par une crise économique qui marque la fin de longues années de croissance, la fin des « trente glorieuses ». Craignant une montée du chômage et un accroissement des flux migratoires, le gouvernement français, présidé par Valéry Giscard d'Estaing, décide le 3 juillet 1974 de « suspendre provisoirement l'immigration ». À quelques mois d'intervalle, la Belgique et la République fédérale d'Allemagne adoptent la même mesure. Auparavant, en septembre 1973, l'Algérie avait annoncé l'arrêt de l'émigration de ses ressortissants vers la France. Cette décision est officiellement motivée par la vague de crimes racistes dont sont victimes les Algériens en France.

... change de nature

En 1975, la France compte 3,44 millions d'étrangers, soit 6,55 % de la population, un taux équivalent à celui de 1931 (*voir* pp. 10-11). Les Portugais sont majoritaires, devant les Algériens, les Espagnols et les Italiens. Comme ils se sont installés en France de manière légale, leur insertion est facilitée par les pouvoirs publics. Des efforts sont engagés en matière de logement, de formation professionnelle et d'action culturelle. En collaboration avec les États d'origine, des cours de langue et de culture sont proposés, de même qu'une émission de télévision (« Mosaïque » sur FR3). Par ailleurs, des politiques d'aide aux retours sont mises en place. D'abord fondées sur le volontariat, puis forcées, celles-ci se révèlent en fait inefficaces : entre 1977 et 1981,

Le cas des Portugais

En 1975, les Portugais forment la plus importante communauté immigrée. Fuyant la dictature militaire d'Antonio Salazar, ils arrivent à la fin des années 1960, les uns en toute légalité, les autres dans la clandestinité. Si, au début, ils partagent le même sort que les Maghrébins, sans qualification, occupant les emplois au bas de l'échelle sociale et logeant dans des conditions précaires, ils s'organisent rapidement grâce à un fort mouvement associatif. Dans ce cadre, le rôle des femmes, venues travailler seules ou dans le cadre du regroupement familial, sera déterminant.

fondements   contexte   mouvements

on comptera seulement 94 000 départs. Le durcissement des lois (renforcement des contrôles, accélération des procédures d'expulsion, non-renouvellement des titres de séjour) limite néanmoins l'arrivée de nouveaux travailleurs immigrés. En 1982, si le nombre d'étrangers n'a augmenté que de 300 000 personnes par rapport à 1975, l'immigration change surtout de nature : on passe d'une immigration de travailleurs à une immigration de familles.

« *Tant que les immigrés vivent en marge de la société française (foyers, bidonvilles, cités de transit, etc.), tant que leur visibilité reste médiatisée par le ghetto, la cohabitation est possible dans la mesure où... elle ne se fait pas. Mais quand Français et immigrés vont être appelés à partager la "galaxie-HLM", la rencontre a lieu, conflictuelle et régressive, les nationaux protestant contre une concurrence qui touche le travail et le logement.* »
Olivier Milza,
Les Français devant l'immigration.

Paris, janvier 1974 : expulsion des travailleurs immigrés du foyer de la rue Raymond-Losserand.

Une nouvelle donnée
De 1974 à 1982, les familles des immigrés choisissent de rejoindre leur mari ou leur père. L'immigration au titre du regroupement familial* prend alors une importance prépondérante. Les Algériens sont désormais plus nombreux que les Portugais. Suivent les Marocains et les Italiens. En quelques années, cette population étrangère est plus féminine et plus jeune. En 1982, un étranger sur trois a moins de 20 ans. Le nombre de naturalisations* parmi les étrangers est en nette progression pour les nationalités les plus récentes (Algériens, Portugais), tandis qu'il diminue pour ceux qui sont en France depuis plus longtemps (Italiens, Polonais). Ces éléments témoignent d'un enracinement des populations issues des plus récentes vagues d'immigration.

Les mesures restrictives décidées en 1974 marquent le passage d'une immigration de travail à une immigration familiale. L'installation définitive des populations immigrées est une nouvelle donnée.

Un enjeu politique

À partir des années 1980, l'immigration devient un enjeu politique autour duquel les partis politiques s'opposent, avant de trouver un consensus face à la montée de l'extrême droite.

Une politique d'ouverture

L'élection en mai 1981 de François Mitterrand à la présidence de la République marque un tournant dans les politiques d'immigration. Les mesures d'aide au retour sont supprimées, les conditions de séjour sont améliorées et la liberté est donnée aux étrangers de créer des associations sans autorisation préalable. Les procédures d'expulsion d'étrangers en situation irrégulière sont suspendues, la lutte contre les employeurs de clandestins est renforcée et une opération de régularisation est engagée. Entre 1981 et 1983, environ 130 000 étrangers en situation illégale sont régularisés.

Quand l'extrême droite s'en mêle

Mais, dès 1982, des tensions apparaissent. Avec la crise économique et la montée du chômage, la question de la place des immigrés est à nouveau débattue. Sur ce thème, l'extrême droite canalise les mécontentements par des slogans simplistes. L'immigration devient un enjeu politique. Parallèlement, les jeunes Français issus de l'immigration maghrébine, surnommés les beurs*, revendiquent une place dans la société. En 1983 et 1984, des associations se mobilisent et organisent des manifestations pour réclamer un « droit à la différence ». Dans le même temps, des émeutes se produisent, notamment dans la région lyonnaise. Des grèves déclenchées dans l'industrie automobile projettent les travailleurs immigrés au premier plan des mouvements syndicaux. Sous couvert de cette crise sociale, le Front national enregistre ses premiers succès électoraux aux municipales de 1983.

fondements   contexte   mouvements

Évolution des populations étrangères en France de 1946 à 1999 (en milliers)								
Nationalité	**1946**	**1954**	**1962**	**1968**	**1975**	**1982**	**1990**	**1999**
Européens dont :	1 598	1 431	1 592	1 895	2 102	1 760	1 690	1 347
Belges	153	107	79	65	56	50	57	67
Espagnols	302	289	442	607	497	321	216	162
Italiens	451	508	629	572	463	334	252	202
Polonais	423	269	177	132	94	65	47	34
Portugais	22	20	50	296	759	765	651	554
Africains dont :	54	230	428	652	1 192	1 574	1 633	1 420
Algériens	22	212	350	474	710	796	615	478
Marocains	16	11	33	84	260	431	572	504
Tunisiens	2	5	27	61	140	190	205	154
Africains de l'Ouest	14	2	18	33	82	157	172	213
Américains	8	49	88	28	42	51	72	81
Asiatiques dont :	70	40	37	45	104	294	424	400
Turcs	8	5	n.d. (1)	8	51	124	198	208
Asie du Sud-Est	62	35	37	37	53	170	171	98
Total	1 744	1 765	2 169	2 621	3 442	3 680	3 597	3 263
	(2) 4,38 %	4,13 %	4,67 %	5,28 %	6,54 %	6,78 %	6,34 %	5,6 %

Source INSEE 1999   (1) donnée non disponible   (2) % sur l'ensemble de la population française

Des lois qui se succèdent

En réponse, le gouvernement va modifier sa politique. En juillet 1984, une carte de séjour et de travail de 10 ans est instaurée pour limiter les situations de précarité. Puis, en 1986, 1989 et 1993, au rythme des changements de majorité à l'Assemblée nationale, les réformes du Code de la nationalité et de la législation sur l'entrée et le séjour des étrangers se succèdent, tantôt plus libérales, tantôt plus restrictives. Entre-temps, en 1989, le Haut Conseil à l'intégration est créé.

En marche vers un consensus

En 1997, après un vaste mouvement de revendication des étrangers en situation irrégulière, les « sans-papiers » (*voir* pp. 32-33), une procédure exceptionnelle de régularisation est engagée. Puis la loi Chevènement redéfinit les conditions d'entrée et de séjour en France tandis que la loi Guigou apporte de nouveaux changements au Code de la nationalité. Entre les partis politiques, à l'exception du Front national qui voit son influence très fortement réduite, un consensus s'élabore. Celui-ci tient en deux points : l'arrêt de tout nouveau flux migratoire et l'aide à l'intégration des populations déjà installées.

L'immigration en baisse dans les années 1980 concerne en majorité des étrangers originaires d'Afrique. Elle devient un enjeu politique tandis que l'extrême droite progresse en exploitant ce thème sensible.

Au cœur de la démographie française

Participant depuis plus d'un siècle à la croissance démographique de la France, soit directement par de nouvelles arrivées, soit indirectement par les naissances, l'immigration est une question inhérente à la société française.

Apport démographique indirect en naissances de l'immigration étrangère intervenue depuis la fin du siècle dernier, par numéro de génération

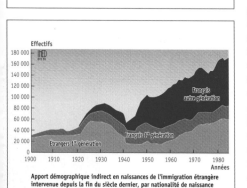

Apport démographique indirect en naissances de l'immigration étrangère intervenue depuis la fin du siècle dernier, par nationalité de naissance

11 millions de Français issus de l'immigration

Près d'un Français sur cinq est d'origine étrangère par l'intermédiaire d'un parent ou d'un grand-parent. Cette estimation est le résultat d'une étude menée en 1991 par l'Institut national d'études démographiques (INED) sur les conséquences d'un siècle d'immigration. Quatre générations (*voir* tableau) ont été analysées. La première concerne l'apport direct de l'immigration à la démographie et est évaluée à 4 millions de personnes qui ont immigré au cours du siècle. Plus d'1 million sont devenus Français. Leurs descendants constituent un apport indirect. Ainsi la deuxième génération, c'est-à-dire les enfants nés en France, se chiffre à environ 5 millions parmi

fondements   contexte   mouvements

lesquels 4 millions de Français. Enfin, les petits-enfants sont plus de 5 millions. Ils ont tous la nationalité française. L'addition de ces générations permet ainsi d'évaluer à 14 millions le nombre de personnes issues de l'immigration. Parmi elles, près de 11 millions sont des Français.

Un mouvement qui ralentit

Sans l'apport de l'immigration, la croissance démographique aurait été réduite de 40 % depuis 1945. En 1991, la France aurait seulement compté 45 millions d'habitants (contre 56 millions). Par son rôle de peuplement, l'immigration a aussi permis d'enrayer la baisse de la natalité et par là même le vieillissement de la population française. Aujourd'hui, près d'une naissance sur cinq peut être attribuée à un immigré arrivé en France au cours du siècle passé. Cependant, cette tendance est désormais freinée. Par le ralentissement des flux migratoires et par la diminution de la fécondité des étrangères en France.

> **Vous avez dit**
> **« Français de souche » ?**
>
> Porte-drapeaux de la culture française dans le domaine de l'art, du sport ou de la science, ils sont issus de l'immigration, étant d'origine algérienne (Isabelle Adjani, Zinedine Zidane), arménienne (Alice Sapritch, Charles Aznavour, Youri Djorkaeff), belge (Verlaine), bulgare (Sylvie Vartan), égyptienne (Dalida), espagnole (Pablo Picasso, Alain Giresse, Luis Fernandez), italienne (Coluche, Lino Ventura, Yves Montand, Michel Piccoli, Michel Platini), camerounaise (Yannick Noah), malienne (Jean Tigana, José Touré), polonaise (Apollinaire, Marie Curie, Haroun Tazieff), ou russe (Marc Chagall, Serge Gainsbourg, Henri Troyat).

Une réalité interne à la société française

Quoi qu'il en soit, l'apport démographique de l'immigration a définitivement modifié les caractéristiques de la population française. Ses origines multiples et ses identités plurielles constituent une réalité incontournable. Les nombreuses personnalités issues de l'immigration qui sont ou ont été les porte-drapeaux de la culture française en témoignent (*voir encadré ci-dessus*). Mais cette réalité démontre surtout, comme le souligne l'historien Gérard Noiriel, que « *si l'on se place à un niveau collectif, prendre au sérieux la diversité de la population actuelle de la France conduit à un changement de point de vue sur son passé proche. On ne peut plus considérer l'immigration comme un problème extérieur, mais on doit la voir comme un problème interne à l'histoire de la société française contemporaine* ».

> Directement ou indirectement, l'apport de l'immigration à la société française est une réalité incontournable qui concerne plus de 11 millions de Français.

Un phénomène mondial

L'immigration s'inscrit dans un contexte international lié à des déséquilibres économiques et politiques persistants. Tous les pays y sont confrontés, des plus riches aux plus pauvres.

Cent millions de migrants

Selon les Nations unies, environ 100 millions de personnes dans le monde vivent en dehors du pays dont elles ont la nationalité, soit plus de 2 % de la population mondiale. Ces migrants sont répartis entre l'Afrique (35 millions), l'Asie (15 millions), l'Europe (14 millions), l'Amérique du Nord (14 millions) et le Moyen-Orient (10 millions). S'ils sont tentés de se déplacer des pays les plus pauvres vers les plus riches, des régimes les plus répressifs vers les plus démocratiques, des milieux ruraux vers les villes, ils sont souvent contraints de rester sur place, dans la région d'origine. Et si les flux se sont accrus dans les années 1980, ils se stabilisent depuis 1992.

Des flux traditionnels canalisés

Contrairement aux prévisions les plus inquiétantes, le déferlement de populations démunies de l'Est et du Sud vers l'Europe de l'Ouest ou les États-Unis ne s'est pas produit. En fait, seuls persistent, quoique réduits sous l'effet de mesures restrictives, des flux migratoires liés à des relations historiques ou géographiques entre certains pays : Algériens et Marocains en France, Pakistanais et Indiens en Grande-Bretagne, Turcs en Allemagne. Pour le reste, les pays d'Europe de l'Ouest et les États-Unis acceptent essentiellement une immigration de main-d'œuvre hautement qualifiée.

Une immigration qui se mondialise

La mondialisation de l'économie a fait apparaître de nouveaux espaces migratoires, notamment en Asie et en Europe centrale et orientale. Depuis plus d'une dizaine d'années, l'Indonésie et Singapour sont devenues des pôles d'attraction pour une main-d'œuvre venant d'Inde, du Sri Lanka, du Pakistan et de Chine. Depuis la chute du mur de Berlin, les pays de l'ex-URSS et d'Europe de l'Est, offrant des perspectives d'emplois, attirent des immigrants turcs, roumains, ukrainiens, bulgares mais aussi asiatiques. Les Pakistanais et les Philippins sont aussi nombreux à travailler dans les pays du Proche-Orient (Arabie saoudite, Koweït). Seule l'Afrique est à l'écart de ces flux internationaux. Dans ce continent, la plupart des candidats à l'émigration s'expatrient vers des pays voisins, eux-mêmes faiblement développés (Burkinabés en Côte-d'Ivoire ou Égyptiens en Libye).

La solution du développement

Les flux incontrôlés de populations ne sont pas une fatalité. Tout le monde s'accorde à voir dans le développement des pays les plus pauvres le moyen de réduire de tels mouvements. Parmi les solutions préconisées, l'immigration peut elle-même permettre de former une main-d'œuvre qui bénéficiera par la suite aux pays d'émigration. Par ailleurs, les écarts de coûts de main-d'œuvre incitant aux délocalisations d'entreprises, les pays d'accueil tentent de créer des emplois qualifiés dans les pays fournisseurs de travailleurs bon marché.

> **Une nouvelle donne**
>
> Compte tenu de leur démographie, les pays les plus développés dont l'Union européenne vont avoir besoin d'apport de main-d'œuvre étrangère. Tel est le constat que dressent les économistes et les démographes en ce début de XXIe siècle. En 2000, un rapport des Nations unies estimait que l'Europe allait devoir recourir à 700 millions de nouveaux immigrants au cours des cinquante prochaines années. Si ce chiffre est jugé invraisemblable, il n'en reste pas moins qu'il témoigne d'une nouvelle tendance : restreinte pour des raisons politiques au cours des dernières années, l'immigration est aujourd'hui remise au goût du jour pour des raisons économiques.

Cent millions de personnes vivent en dehors de leur pays d'origine. À l'heure de la mondialisation des flux migratoires, les mouvements contrôlés de main-d'œuvre et de savoir-faire peuvent être des facteurs de croissance.

Réfugiés politiques et droit d'asile

De plus en plus nombreux à travers le monde, les réfugiés ne se pressent plus aux frontières de l'Europe où le droit d'asile, sans être remis en cause, est plus difficilement reconnu.

Plus de 22 millions de réfugiés

Jamais, depuis la Seconde Guerre mondiale, la communauté internationale n'a été confrontée à des exodes aussi massifs : en 2000, le Haut-Commissariat aux réfugiés* (HCR) a pris en charge 22,3 millions de personnes déplacées à l'intérieur ou à l'extérieur de leur pays (contre 17 millions en 1990). Or, cette recrudescence est moins due à un nombre croissant de guerres, de violences et de persécutions qu'à une forme nouvelle de crises, où les déplacements de populations s'inscrivent dans une stratégie délibérée des parties en conflit, comme ce fut le cas en ex-Yougoslavie et au Rwanda.

Le repli des démocraties occidentales

Les deux tiers des réfugiés arrivent en Afrique et en Asie. L'Europe et l'Amérique du Nord en accueillent un tiers. Ce déséquilibre s'explique par la proximité géographique entre les zones de crise et de refuge (par exemple, les Afghans en Inde, les Burundais en Tanzanie). Il est aussi le résultat de mesures restrictives adoptées depuis 1974 par les démocraties occidentales qui craignent un afflux d'immigrés clandestins.

L'effet dissuasif a été indéniable. De 693 000 en 1992, les demandeurs d'asile aux portes des pays de l'Union européenne n'étaient plus que 306 000 en 1999. En 1999, l'Allemagne restait le pays le plus sollicité avec 95 110 demandes, suivie du Royaume-Uni (71 150), de la Suisse (46 070), loin devant la France (30 910).

Est réfugiée « *toute personne qui, par crainte d'être persécutée, du fait de sa race, de sa religion, de sa nationalité, de son appartenance à un certain groupe social ou de ses opinions politiques, se trouve hors du pays dont elle a la nationalité et qui ne peut ou, du fait de cette crainte, ne veut se réclamer de la protection de ce pays.* » Extrait de la convention de Genève du 28 juillet 1951.

fondements   contexte   mouvements

Les plus importantes populations de réfugiés en 2000		
Pays d'origine	Principaux pays d'asile	Réfugiés
Afghanistan	Iran / Pakistan / Inde	2 560 000
Irak	Iran / Arabie Saoudite / Syrie	570 000
Burundi	Tanzanie / Rép. dém. du Congo	530 000
Sierra Leone	Guinée / Liberia / Gambie	490 000
Soudan	Ouganda / Éthiopie / Rép. dém. du Congo / Kenya / République Centrafrique / Tchad	470 000
Somalie	Éthiopie / Kenya / Yémen / Djibouti	450 000
Bosnie-Herzégovine	Rép. féd. Yougoslavie / Croatie / Slovénie	450 000
Angola	Zambie / Rép. dém. du Congo / Congo	350 000
Érythrée	Soudan	350 000
Croatie	Rép. féd. Yougoslavie / Bosnie-Herzégovine	340 000

Source INSEE

Être réfugié en France

En France, le statut de réfugié est accordé par l'OFPRA*
en vertu de la convention de Genève de 1951.
Les demandes sont étudiées en prenant notamment
en compte la violation des droits de l'homme dans le
pays d'origine, l'appartenance à une minorité persécutée
par un État et les preuves individuelles de discriminations
ou de tortures. En 1999, seules 19,6 % des demandes
d'asile ont abouti à la reconnaissance du statut de réfugié.

Redéfinir le droit d'asile ?

Environ 120 000 personnes bénéficient aujourd'hui
en France du statut de réfugié. Elles étaient 350 000
en 1965. Comme dans les autres pays européens,
cette forte baisse amène à s'interroger sur la validité
du droit d'asile face à des situations inédites. Soit
les demandeurs d'asile ne peuvent fournir les preuves
des persécutions subies, soit ils ne sont pas directement
victimes de leur État mais d'un groupe particulier
(comme en Algérie et en ex-Yougoslavie), soit encore
la situation économique (pauvreté et injustice
sociale) est étroitement imbriquée dans une situation
politique. Dans ces différents cas, le statut de réfugié
est difficilement reconnu par les éventuels pays
d'accueil. Parallèlement, les actions engagées sur
les plans économique et politique auprès des pays
générateurs de réfugiés se révèlent insuffisantes.

Même si le droit
d'asile n'est pas
remis en cause,
les démocraties
occidentales,
dont l'Europe,
adoptent
une politique
de fermeture
vis-à-vis
des 22 millions
de réfugiés
recensés dans
le monde.

L'Europe de l'immigration

Terre d'immigration, l'Europe se construit sur le principe de la libre circulation des personnes. Mais pour les non-Européens, cet espace de liberté pourrait aussi s'imposer comme une forteresse infranchissable.

« Tout citoyen de l'Union a le droit de circuler et de séjourner librement sur le territoire des États membres. »
Extrait du traité de Maastricht (art. 8-A).

18,5 millions d'étrangers dans l'Union européenne

Sur 377,6 millions de citoyens, les quinze pays de l'Union européenne comptent près de 18,5 millions d'étrangers, soit 4,9 % de la population totale. En dix ans, toutes nationalités confondues, leur nombre a progressé d'environ deux millions. Les deux tiers d'entre eux sont des ressortissants non européens dont la plupart vivent en Allemagne (3,9 millions dont 1,7 million de Turcs), en France (2,3 millions dont 1,4 million de Maghrébins) et en Grande-Bretagne (1,6 million dont 1 million d'Indiens et de Pakistanais). Ces trois pays accueillent par ailleurs les trois quarts des 5 millions d'étrangers européens.

Les écueils du visa européen

Les visas délivrés par chaque pays européen sont remplacés par un visa unique européen. Cette adaptation remet en cause quelques principes nationaux. Par exemple, pour s'aligner sur la politique française, l'Italie impose des visas aux étrangers originaires des pays du Maghreb, et inversement, comme en Allemagne, la France supprime les visas pour les Polonais.

Le principe de Schengen

À l'exemple des marchandises et des capitaux, la libre circulation des personnes en Europe est en passe de devenir une réalité. Ce principe énoncé en 1985 à Schengen, au Luxembourg, repose sur la suppression des frontières intérieures en contrepartie d'un renforcement des frontières extérieures. Ratifié en 1990 et inscrit dans les traités de Maastricht et d'Amsterdam, cet accord est appliqué depuis 1997 par treize des quinze pays de l'Union européenne à l'exception de la Grande-Bretagne et de l'Irlande. Si leurs ressortissants traversent désormais les frontières sans être contrôlés, les autres, notamment les non-Européens, sont soumis à un contrôle plus strict à leur arrivée dans l'un de ces pays. Ils doivent déclarer tous leurs déplacements dans cet « espace de Schengen », où les contrôles de police sont étendus

fondements   contexte   mouvements

hors des frontières nationales. Les conditions d'attribution du droit d'asile sont aussi harmonisées. Un étranger indésirable dans l'un de ces treize pays l'est automatiquement dans tous les autres, tout comme un refus d'asile vaut pour tous.

Forteresse ou espace de liberté ?

D'un espace de libre circulation communautaire, le principe de Schengen est devenu un enjeu majeur en matière d'immigration non européenne.

> **De l'émigration à l'immigration**
> Italiens, Espagnols, Portugais, Irlandais ou Grecs ont été nombreux au cours de leur histoire à émigrer vers la France ou vers l'Amérique du Nord. Depuis, la tendance s'est inversée. Ces pays (Italie, Espagne, etc.) connaissant une forte croissance économique sont devenus à leur tour des terres d'immigration. Ils sont désormais soucieux de contrôler leurs frontières vis-à-vis des immigrés, notamment des clandestins arrivant de l'extérieur de l'Europe.

Il apparaît manifeste aux différents pays européens qu'une politique d'« immigration zéro » n'est pas réaliste. D'une part, la pression migratoire est si forte qu'aucun dispositif policier ne peut l'enrayer. Les drames de l'immigration clandestine et de la traite des êtres humains se multiplient. D'autre part, en raison de pénurie de main-d'œuvre, qualifiée ou non, quelques pays européens envisagent de mener des politiques de recrutements. L'enjeu futur repose donc sur l'équilibre à trouver entre les intérêts des pays européens et ceux des immigrants eux-mêmes.

Les étrangers dans l'Union européenne en 1999			
Pays de l'UE	Total (en milliers)	En % de la population nationale	Parts de ressortissants de l'Union européenne
Allemagne	7365,8	9	25 %
Autriche	732,7	9,1	33 %
Belgique	903,2	8,9	63 %
Danemark	249,6	4,7	28 %
Espagne	609,8	1,5	46 %
Finlande	80,6	1,6	21 %
France	3 263,2	5,6	37 %
Grèce	309	2,9	25 %
Irlande	114,4	3,1	71 %
Italie	1240,7	1,2	15 %
Luxembourg	147,7	34,9	89 %
Pays-Bas	678,1	14,4	28 %
Portugal	175,3	1,8	25 %
Royaume-Uni	2 066	3,6	38 %
Suède	522	6	41 %
UE entière	**18 458,1**	**4,9**	**33 %**

Source OCDE

Avec 18,5 millions d'étrangers dont 13,5 millions de non-Européens, l'Union européenne est en passe de supprimer ses frontières intérieures. Pour les uns, un espace de liberté se construit, pour les autres, une forteresse risque de se dresser.

La législation

Si l'Europe de l'immigration se construit, la France garde la maîtrise de son immigration à travers une législation précise. Celle-ci définit les conditions d'entrée, de séjour et de naturalisation des étrangers.

Comment séjourner en France ?

Selon l'ordonnance du 2 novembre 1945, modifiée par la loi Chevènement du 11 mai 1998, tout étranger âgé de plus de 18 ans et séjournant plus de trois mois en France, à l'exception des ressortissants* de l'Union européenne, doit être titulaire d'une carte de séjour temporaire ou d'une carte de résident.

La carte de séjour temporaire, valable un an, est délivrée en fonction du motif du séjour. Elle peut porter la mention :

– « visiteur » (étranger s'engageant à ne pas travailler),

– « vie privée et familiale » (étranger justifiant de liens personnels et familiaux),

– « étudiant » (à condition de justifier la réalité des études),

– « salarié » (à condition d'avoir l'autorisation de travailler),

– « commerçant »,

– « scientifique » (pour les enseignants et les chercheurs étrangers),

– « profession artistique et culturelle » (pour les artistes ayant un contrat de plus de trois mois).

La carte de résident, valable dix ans, est renouvelable de plein droit. Elle est délivrée en raison d'attaches familiales ou personnelles (conjoint d'un ressortissant français marié depuis au moins un an, retraité ayant résidé en France, enfant étranger d'un ressortissant français, étranger ayant le statut de réfugié, etc.) ou en raison de la durée du séjour régulier (par exemple, l'étranger qui totalise cinq ans de séjour régulier au titre de la vie privée et familiale). Plus de 52 % de la population étrangère est titulaire d'une carte de résident.

fondements | contexte | mouvements

Comment acquérir la nationalité française ?

Selon la loi Guigou du 16 mars 1998, la nationalité française s'acquiert :
– soit à la naissance : c'est le cas le plus courant pour tout enfant né d'au moins un parent français ;
– soit de plein droit par déclaration : c'est le cas pour tout enfant né en France de parents étrangers et ayant vécu au moins cinq ans en France entre 11 ans et 18 ans. Dès 13 ans, il pourra devenir français avec l'accord de ses parents ; à 16 ans, il pourra demander à le devenir automatiquement ; à 18 ans, il sera français de plein droit. L'acquisition de la nationalité française par déclaration concerne aussi une personne étrangère mariée à un(e) Français(e) depuis au moins un an ;
– soit par naturalisation : c'est le cas de tout étranger de plus de dix-huit ans, résidant en France depuis au moins cinq ans, justifiant de « bonnes vie et mœurs » et d'une connaissance de la langue française.

Passage obligé de tout immigré : la file d'attente devant la préfecture de police afin de régulariser sa situation sur le territoire français.

Mode d'emploi pour un court séjour

Pour séjourner en France moins de trois mois, les personnes non ressortissantes de l'Espace économique européen doivent justifier de la nature de leur séjour, de leurs moyens d'existence (chèque, carte bancaire ou espèces) et des garanties de rapatriement (billet d'avion aller-retour). Il est demandé, entre autres, de présenter une attestation d'accueil signée par la personne qui se propose d'héberger l'étranger en question. Cette attestation peut être établie à la mairie ou au commissariat de police du domicile de la personne qui reçoit.

La législation française sur l'immigration comporte deux textes principaux qui définissent les conditions d'entrée et de séjour des étrangers (loi du 11 mai 1998) et d'accès à la nationalité française (loi du 16 mars 1998).

Qui entre ?
Qui sort ?

Depuis 1993, l'immigration ralentit sous l'effet des nouvelles réglementations sur l'entrée et le séjour des étrangers. En 1999, 66 125 étrangers ont bénéficié d'un premier titre de séjour.

Le mythe de l'«immigration zéro»

Cet objectif annoncé à intervalles réguliers par différents responsables politiques est irréalisable. Sauf à remettre en question les conventions internationales, la Constitution et les valeurs démocratiques défendues par la France, qui font que, chaque année, 100 millions d'étrangers entrent sur le sol français, parmi lesquels moins de 100 000 sont autorisés à y séjourner plus de trois mois.

Qui sort ?

Aucune source officielle ne permet de comptabiliser le nombre annuel de retours au pays des étrangers. En dehors des procédures d'incitation au retour volontaire, aujourd'hui quasiment abandonnées, ce flux concerne les immigrés célibataires qui retournent dans leur pays d'origine à l'âge de la retraite.

Chiffrer les entrées

L'immigrant est « l'étranger qui, pour la première fois, reçoit un titre de séjour d'une durée égale ou supérieure à un an ». Selon cette définition des Nations unies, les flux migratoires en France sont comptabilisés chaque année par deux organismes : l'OMI*, pour les entrées au titre des autorisations de travail et du regroupement familial*, et l'OFPRA* pour les demandeurs d'asile. En plus de ces flux pour « résidence durable », ces deux organismes recensent les entrées d'étrangers pour « séjour temporaire », c'est-à-dire inférieur à un an.

Des conditions restrictives

Modifiant pour la vingt-cinquième fois l'ordonnance de 1945 qui définit les conditions d'entrée et de séjour, la loi Chevènement du 11 mai 1998 assouplit la précédente loi Pasqua. Elle crée des titres de séjours spéciaux pour les retraités, les scientifiques et les personnes ayant des liens personnels ou familiaux avec la France. Elle assouplit les conditions du regroupement familial et permet aux étrangers en situation régulière de percevoir des allocations aux personnes âgées et pour le logement social. Elle supprime les certificats d'hébergement exigés pour les visites privées et le délai d'un an qui était exigé pour obtenir un titre de séjour temporaire après un mariage avec un ressortissant français. Par ailleurs, elle maintient le droit du maire à saisir, en cas de soupçon sur une union de complaisance, le procureur de la République, qui peut s'opposer au mariage. De même, cette loi définit de façon toujours aussi stricte les conditions d'entrée à titre professionnel :

fondements   contexte   **Mouvements**

Titres de séjours de plus d'un an délivrés en 1999										
Nationalité	1992	Total	Actifs salariés (1)	Actifs non salariés (2)	Membre de famille	Famille de Français (3)	Visiteur	Retraité	Réfugiés et apatrides	Autres motifs (3)
Européens dont :	36 629	**35 031**	11 429	718	8 591	3 692	5 649	2 567	1 537	848
Union européenne	24 196	**28 162**	11 343	712	5 318	2 575	5 600	2 552	3	59
Autres d'Europe et d'ex-URSS	6 164	**2 624**	86	6	546	687	49	13	995	242
Turcs	9 268	**4 245**	0	0	2 727	430	0	2	539	547
Asiatiques	14 491	**4 048**	0	0	813	1 039	0	0	1 826	370
Africains dont :	48 596	**25 797**	426	41	13 483	8 221	22	125	1 061	2 418
Maghrébins	31 300	**21 850**	426	41	12 335	6 756	22	116	82	2 072
Américains	7 512	**1 171**	0	0	364	620	0	0	101	86
Océaniens et non ventilés	452	**78**	1	0	30	33	1	0	10	3
Total	110 669	**66 125**	**11 856**	**759**	**23 281**	**13 605**	**5 672**	**2 692**	**4 535**	**3 725**

(1) Commerçants ou artisans pour la plupart
(2) Conjoints, enfants et ascendants de Français, parents d'enfants français
(3) Anciens combattants, rentes accident du travail ou motifs non déterminés

Source ministère de l'Intérieur

seuls sont autorisés à immigrer les travailleurs hautement qualifiés pour des missions spécifiques ou pour des travaux saisonniers*.

Baisse de 40 % des entrées par rapport à 1992

Alors qu'ils étaient plus de 100 000 par an entre 1980 et 1992, 66 125 étrangers seulement ont été autorisés, en 1999, à séjourner en France de façon durable. Cet écart tient d'abord au fait que les Européens disposant de la liberté de circuler ne sont plus systématiquement comptabilisés par l'OMI. Cependant, toutes proportions gardées, les autres nationalités sont aussi moins nombreuses. Les ressortissants* des pays d'Afrique, qui représentent 39 % des nouveaux arrivés (dont près de 85 % sont originaires du Maghreb*), sont en baisse de 47 % par rapport à 1992. Si le regroupement familial reste le premier motif d'immigration (plus de la moitié des entrées), il concerne 80 % de non-Européens. Pour deux immigrés sur dix, le travail est le motif de séjour en France, la quasi-totalité étant originaire d'Europe. Enfin, le nombre de titres de séjour d'un an ou moins a diminué de 13 % entre 1998 et 1999.

En 1999, 66 125 étrangers ont été autorisés à entrer et à séjourner en France pour des raisons économiques, politiques et surtout familiales. Un chiffre en forte baisse par rapport aux années précédentes.

Les sans-papiers

Si le phénomène n'est pas nouveau, il fait aujourd'hui l'objet d'une attention particulière. Les moyens de lutte sont renforcés face à des sans-papiers qui font aussi figure de boucs émissaires.

« *L'immigration clandestine reflète les déséquilibres mondiaux. Ils disparaîtront ensemble.* » **Pierre Milza, sociologue.**

Être ou devenir sans-papier

Toute personne séjournant après une entrée illégale (sans visa), en dépassant la période de séjour autorisée (trois mois pour un visa de tourisme, un an pour une carte de séjour temporaire), ou s'étant vu refuser le statut de réfugié est déclarée en situation irrégulière. Contrairement à une idée reçue, la plupart des sans-papiers ne sont pas arrivés par une filière de « passeurs » mais sont devenus irréguliers après avoir séjourné légalement en France. Les uns ont délibérément tenté leur chance, les autres ont été déboutés du droit d'asile. D'autres encore font face aux rigueurs de la loi. C'est le cas des mineurs entrés hors du regroupement familial* qui peuvent être expulsés à leur majorité s'ils n'ont pu régulariser leur situation. De même, en interrompant d'un an son séjour régulier en France, un étranger perd le droit à la carte de résident (*voir* pp. 28-29) et devient donc à terme irrégulier.

Le travail clandestin

Il concerne les personnes, Français ou étrangers en situation régulière, travaillant sans être déclarés par leur employeur auprès des organismes sociaux (Sécurité sociale, Assedic, caisse de retraite, etc.). Cette forme d'illégalité est sanctionnée par les services de l'inspection du travail.

Entre 180 000 et 350 000...

À l'évidence, nulle statistique ne peut dénombrer les clandestins avec précision. Ce flou entretient d'ailleurs les discours les plus alarmistes sur l'« invasion de clandestins ». Cependant, à partir d'une évaluation des entrées, du pourcentage de déboutés du droit d'asile et selon les infractions constatées par la police des frontières, la Direction centrale du contrôle de l'immigration et de la lutte contre l'emploi clandestin (Diccilec) avance, pour 1994, le chiffre de 180 000 irréguliers présents sur le sol français. Mais, de son côté, le Bureau international du travail estime qu'ils sont 350 000...

fondements   contexte   **mouvements**

Les sans-papiers

En 1996, les «sans-papiers» acquièrent une visibilité sociale inégalée. À la suite de mouvements d'occupations d'églises (notamment Saint-Ambroise et Saint-Bernard à Paris) et de grèves de la faim, ces étrangers en situation irrégulière, aux conditions de vie particulièrement difficiles, interpellent une large partie de l'opinion publique française. Comme d'autres pays européens, le gouvernement de Lionel Jospin engage, en 1997, une procédure de régularisation exceptionnelle qui concernera quelque 80 000 personnes sur 140 000 dépôts de dossier. Pour autant, les contrôles aux frontières et les mesures d'expulsion restent la priorité. Or, ces moyens s'avèrent inefficaces tant que la question n'est pas traitée dans sa globalité, notamment par une approche de développement des pays d'où arrivent ces étrangers, jugés «indésirables».

Août 1996 : pour faire parler d'eux, des sans-papiers occupent l'église Saint-Bernard, à Paris.

La lutte contre l'immigration irrégulière est aujourd'hui une priorité. Elle empêche toutefois de s'interroger sur les origines réelles d'un phénomène difficilement chiffrable et qui n'est pas nouveau.

Reconduite à la frontière

Interpellées par la police, les personnes en situation irrégulière font l'objet d'un arrêté de reconduite à la frontière pris par le préfet. À moins qu'elles ne justifient d'attaches familiales ou d'un long séjour en France (notamment pour les mineurs) et si un recours déposé dans les 48 heures est refusé, elles sont placées dans un centre de rétention sous contrôle de la police pendant douze jours au maximum (au-delà, elles doivent être mis en liberté). Là, elles attendent de trouver une place dans l'avion qui les reconduira dans leur pays d'origine.

Être ou devenir français

Les conditions d'accès à la nationalité française sont définies par le Code de la nationalité de 1998.

Droit du sol et droit du sang

La nationalité est non seulement le lien juridique entre un individu et un État, mais aussi le symbole de son appartenance à la communauté. En France, elle est fondée sur deux principes qui sont le droit du sang (en latin, *jus sanguinis*) et le droit du sol (*jus soli*). Le premier permet de devenir français par la filiation (naissance d'un père ou d'une mère français) indépendamment du lieu de naissance, le second par la naissance en France ou l'installation durable sur le territoire. Au cours de l'Histoire, on a mêlé ces deux principes, l'un étant parfois privilégié aux dépens de l'autre. Ils ont aussi été combinés à d'autres critères liés à l'intégration de l'étranger par le mariage, par les liens avec les anciennes colonies, par les « services rendus » à la nation, etc.

Le titre d'identité républicain

Instauré par la loi de 1998, le TIR est un titre de séjour pour les enfants étrangers de moins de 13 ans nés sur le sol français. Il vise à faciliter leurs démarches administratives quotidiennes, notamment pour revenir en France après un séjour à l'étranger. Valable cinq ans, il peut être renouvelé jusqu'à la délivrance d'un certificat de nationalité.

---

fondements   contexte   mouvements

Évolution de la population étrangère et des Français par acquisition (en %)													
	1901	1911	1921	1926	1931	1936	1946	1954	1962	1968	1975	1982	1990	1999
Étrangers	2,69	2,96	3,95	5,99	6,58	5,34	4,38	4,13	4,67	5,28	6,55	6,81	6,35	5,58
Français par acquisition	0,58	0,65	0,65	0,62	0,88	1,25	2,14	2,50	2,76	2,66	2,65	2,62	3,14	4,03

Source INSEE

Le Code de la nationalité réformé

Les règles d'attribution et d'acquisition de la nationalité française sont définies par le Code de la nationalité, un document juridique rédigé en 1945, puis modifié en 1973, 1993 et 1998. Par rapport aux autres pays, notamment européens, ces règles sont parmi les plus libérales. Les procédures sont relativement simples et, selon les années, entre 75 et 85 % des demandes sont acceptées. En rupture avec la précédente loi de 1993, celle de 1998 pose comme principe que les mineurs nés en France ne doivent plus être contraints de faire acte volontaire de candidature à la nationalité française. S'il ne fait pas la demande à partir de 13 ou 16 ans, un jeune étranger résidant régulièrement en France depuis cinq ans deviendra français de plein droit. Aussi, concernant la naturalisation, l'étranger(ère) ayant épousé un(e) Français(e) doit faire la preuve d'un an de mariage.

147 522 Français par acquisition en 1999

Le nombre d'étrangers devenus français, normalement stable aux alentours de 100 000 par an, atteint, en 1999, son niveau le plus élevé depuis plusieurs décennies. Cette progression (de 20 % par rapport à 1998) est liée aux modifications législatives intervenues en 1998, qui facilitent l'accès à la nationalité française avec des procédures simplifiées. Sur les 147 522 personnes devenues françaises en 1999, 67 569 (29 %) par anticipation (entre 13 et 17 ans), 26 463 (18 %) par déclaration (suite à un mariage). Plus de la moitié de ces nouveaux Français sont originaires du Maghreb (51,2 % contre 13 % d'Européens et 21,8 % d'Asiatiques).

En 1999, près de 150 000 étrangers sont devenus français en vertu de Code de la nationalité.

Tendances démographiques des populations en question

Désormais stables en nombre, les étrangers continuent à se renouveler et tendent à se confondre, par leurs caractéristiques démographiques, avec le reste de la population française.

Portugais, Algériens et Marocains en tête

Si la proportion d'étrangers dans la population française est constante depuis 1975, elle masque deux tendances :

– d'une part, chaque année, l'arrivée de nouveaux étrangers est largement compensée par le nombre de ceux qui, installés ou nés en France, acquièrent la nationalité française ;

– d'autre part, les nationalités en présence changent. Les ressortissants* africains sont majoritaires (45,4 % de la population étrangère) devant les Européens (40,7 %). En 1999, les Portugais forment la première communauté étrangère (environ 554 000 ressortissants) devant les Marocains (504 000) et les Algériens (478 000). Suivent les Turcs (208 000), les Italiens (202 000), les Espagnols (162 000) et les Tunisiens (154 000). Enfin, les Africains de l'Ouest* sont presque à égalité avec les ressortissants d'Asie.

Répartition par âge et par sexe des étrangers et des Français en 1999						
Âge atteint en 1999 (en %)	Étrangers			Français		
	Ensemble	Hommes	Femmes	Ensemble	Hommes	Femmes
0 à 14 ans	13,5	13,1	14,2	18,1	19,1	17,1
15 à 24 ans	11	10,2	11,9	13,1	13,9	12,5
25 à 39 ans	26,4	25,3	28,5	21,6	22,2	20,9
40 à 59 ans	32	33,7	30,3	25,6	26,1	25,1
60 ans et plus	17,1	17,7	15,1	21,6	18,7	24,4
Effectif en milliers	3 263	1 732	1 531	55 258	26 688	28 570

Source INSEE

fondements   contexte   mouvements

Entre Français et étrangers, l'écart par sexe et par âge se réduit

À la différence des Français, qui comptent légèrement plus de femmes que d'hommes, les étrangers sont en majorité de sexe masculin (53 %). Les effets du regroupement familial*, qui a permis d'accroître la part des femmes et des enfants, sont désormais atténués. Désormais, les étrangers de moins de 24 ans sont, en proportion, moins nombreux que les jeunes Français. Aussi, la part des personnes âgées de plus de 60 ans chez les étrangers se rapproche de celle des Français. Selon le sexe et l'âge, les différences tendent à s'estomper à mesure que les immigrés vivent depuis longtemps dans l'Hexagone.

Les mariages mixtes, témoins de l'intégration

Les étrangers sont plus nombreux à se marier avec des Français. La part des unions mixtes dans l'ensemble des mariages est passée de 6,2 % en 1970 à 10,1 % en 2000. Ces mariages mixtes* témoignent d'une intégration dans la société française. Si, aujourd'hui, leur nombre tend à se stabiliser, aux alentours de 25 000 par an, cela tient au fort ralentissement de l'immigration des jeunes étrangers(ères) en France. Reste que, par rapport aux autres pays européens, la France est celui qui compte la plus forte proportion de mariages entre Français et étrangers. Par exemple, 25 % des filles algériennes se marient avec des Français contre 20 % des Turques en Allemagne, 15 % des Pakistanaises en Grande-Bretagne.

La natalité étrangère en baisse

La fécondité des étrangères en France a très sensiblement diminué. Leur nombre moyen d'enfants, passant de 3,2 en 1981 à 2,8 en 1990, se rapproche de celui des Françaises qui, sur la même période, a varié de 1,8 à 1,7 enfant. La baisse diffère selon le temps de résidence. Ainsi, les Algériennes, les Tunisiennes et les Marocaines, qui avaient près de neuf enfants en 1968, n'en ont plus, en moyenne, que 3,5 en 1990. Arrivées en France plus récemment, les Africaines de l'Ouest enregistrent une moindre baisse, de 5,1 à 4,8 enfants par femme entre 1981 et 1990.

Les caractéristiques des étrangers en France, selon le sexe, l'âge, le mariage et la natalité, se rapprochent de celles de la moyenne française.

Lieux de vie

Inégalement répartis sur l'Hexagone et concentrés pour les deux tiers dans les grandes villes et leurs banlieues, les immigrés souffrent d'un manque de logements, même si leurs conditions de vie se sont améliorées.

Deux tiers d'immigrés dans trois régions de France

Les étrangers en France en 1990
(en % de la population totale)

moins de 2,5 %
de 2,5 à 5 %
de 5 à 7,5 %
plus de 7,5 %

Source :
recensement général
de la population, INSEE.

La carte de France de l'immigration est très disparate. Elle recouvre les zones frontalières et les grands centres urbains et industriels, à l'exception des régions de l'Ouest et du Centre. Trois régions concentrent près des deux tiers des immigrés : Île-de-France (37 %), Rhône-Alpes (11 %) et Provence-Alpes-Côte d'Azur (10 %). Au niveau des départements, les proportions d'étrangers varient de 18,9 % en Seine-Saint-Denis à seulement 0,6 % en Vendée. Cette répartition inégale fait que les immigrés et leurs familles sont « plus visibles » par endroits, ce qui entretient des réactions de rejet de la part de certains Français d'origine.

La politique du logement fait défaut

Jusque dans les années 1960, les populations issues d'une immigration jugée passagère sont logées dans des foyers, des hôtels meublés, des cités de transit, voire dans des bidonvilles situés aux abords de Paris, Marseille ou Lyon. Ce n'est qu'à la fin des années 1970 qu'une véritable politique de logement est adoptée par l'État. Elle consiste à rénover l'habitat insalubre

fondements   contexte   mouvements

et à proposer des logements dans des immeubles HLM (Habitation à loyer modéré), libérés par les classes moyennes qui, elles, accèdent à la propriété. Des quartiers dits « prioritaires » font l'objet de projets de réhabilitation et de construction, notamment par l'intermédiaire du Fonds d'action sociale (FAS*). Or, malgré les efforts consentis, *via* des aides financières et la création d'un ministère de la Ville, chargé de coordonner des actions de développement, les résultats sont décevants. Les logements continuent à manquer et à se délabrer. Les élus locaux hésitent à en construire de nouveaux, faute de moyens mais aussi par crainte de voir la proportion d'immigrés s'accroître dans leur commune. La pénurie touche en particulier les populations originaires d'Afrique de l'Ouest* et du Maghreb*, ainsi que leurs enfants, pour la plupart de nationalité française.

Les Portugais mieux lotis que les Maghrébins

Aujourd'hui, plus d'un tiers des ménages immigrés sont propriétaires de leur logement (contre 54 % pour la France entière). Parmi les locataires, 38 % des ménages immigrés logent dans le parc locatif privé et 48 % dans un logement social de type HLM. Le surpeuplement dans les appartements a diminué et 8 % des étrangers vivent dans des logements précaires (contre 25 % en 1980). Néanmoins, des disparités demeurent selon les nationalités d'origine. Pour exemple, si les Portugais d'origine disposent du même niveau de confort que les Français, ce n'est pas le cas des Maghrébins et de leurs familles.

Un phénomène urbain

Les immigrés représentent seulement 3 % de la population des communes rurales contre 8 % des habitants des villes de plus de 200 000 habitants. Plus des deux tiers des immigrés et leurs familles vivent ainsi dans les grandes villes et leurs banlieues. Cette situation est le résultat de politiques de logement, mises en place à la fin des années 1970 par l'État et les collectivités locales, et qui se révèlent insuffisantes.

Les immigrés se concentrent dans trois régions de France, dans les grandes villes et leurs banlieues. Localement, l'insuffisance des politiques de logement pose des problèmes toujours d'actualité.

Les foyers d'immigrés

Construits à la fin des années 1960, environ 700 foyers pour travailleurs immigrés hébergent près de 140 000 étrangers, pour la plupart des hommes célibataires ou mariés dont la famille est restée « au pays ». Originaires d'Afrique pour 85 % d'entre eux, ils sont nombreux à être sans emploi ou à la retraite et vivent dans une grande précarité.

L'emploi

L'emploi est au cœur du débat sur les immigrés, qui sont aujourd'hui moins souvent actifs, employés en majorité dans le secteur tertiaire et en première ligne face au chômage.

Une activité en baisse

À la fin des années 1970, l'arrêt de l'immigration de travailleurs étrangers au profit du regroupement familial* a eu pour effet de réduire la part des actifs* parmi les étrangers, de 46 % en 1975 à 42 % en 1993. On constate une baisse d'activité globale chez les Français comme chez les étrangers. Toutefois, l'activité des hommes étrangers reste supérieure à celle des Français. Cette baisse a été atténuée par une place accrue des femmes dans le travail. Ainsi, en 2000, elles représentent plus de 32 % des emplois étrangers contre seulement 18 % en 1975. Cependant, ces chiffres varient selon les nationalités. Par exemple, chez les hommes, les Portugais, les Maghrébins, les Turcs et les Africains de l'Ouest* ont les taux d'activité les plus élevés. Chez les femmes, les Européennes, notamment les Portugaises, sont plus actives que les Turques et les Maghrébines.

Vers le secteur tertiaire

Les immigrés ont été en première ligne des mutations du marché du travail amorcées dans les années 1980. Nombre de leurs emplois ont été supprimés par la robotisation et le développement d'industries de sous-traitance. Ainsi, entre 1975 et 1990, le bâtiment et l'automobile ont réduit de moitié leurs effectifs étrangers, et les industries agro-alimentaires ou sidérurgiques d'un quart. En fait, seules les industries du textile et de l'habillement continuent de leur offrir des débouchés. Dans ce contexte, les immigrés se sont massivement tournés vers un secteur tertiaire en croissance. Étant toujours surreprésentés dans les emplois les moins qualifiés (58,4 % des étrangers actifs sont ouvriers contre seulement 36,2 %

Des domaines privilégiés d'activités

Chaque communauté nationale a ses domaines privilégiés d'activités. Les Portugais et les Maghrébins représentent les trois quarts des étrangers du bâtiment. Les ressortissants d'Afrique de l'Ouest travaillent en majorité dans les services, les Turcs sont plus nombreux dans l'industrie et les travaux publics, tandis que Maghrébins et Asiatiques se réservent le commerce. Enfin, les Marocains sont particulièrement nombreux dans l'agriculture.

fondements | contexte | mouvements

des Français), plus de la moitié des étrangers (contre 30 % en 1975) travaillent désormais dans le commerce, les services hospitaliers, de nettoyage, de gardiennage, etc.

Répartition des salariés étrangers par secteurs		
Secteurs d'activités	1985	2000
Agriculture	3 %	3 %
Industrie	37 %	22 %
Construction	22 %	18 %
Tertiaire	38 %	57 %
Effectif salarié privé	1 125 000	1 014 000

Source INSEE

Un actif étranger sur cinq au chômage

Mais la perte des emplois dans l'industrie n'a pas été compensée par les emplois créés dans les services. En 2000, le chômage touche 9,3 % des actifs français contre 20,9 % d'étrangers (dont 31,4 % pour les étrangers maghrébins). Si les étrangers ont tout de même bénéficié de la reprise, leurs plus faibles niveaux de qualification et de formation expliquent cet écart qui s'aggrave notamment pour les femmes. Le chômage est aussi beaucoup plus sensible chez les Maghrébins que chez les Portugais. Il triple en dix ans pour les uns et suit la courbe des Français pour les autres. Au-delà des nationalités, les immigrés sont aussi victimes de discriminations à l'emploi.

Un exemple : le taux de chômage est de moitié plus important chez les Français par acquisition que chez les Français de naissance.

> « Qu'est-ce donc un immigré ?
> Un immigré, c'est essentiellement une force de travail, et une force de travail provisoire, temporaire, en transit. [...] C'est le travail qui fait "naître" l'immigré, qui le fait être ; c'est lui aussi, quand il vient à cesser, qui fait "mourir" l'immigré, prononce sa négation ou le refoule dans le non-être. »
> **Abdelmalek Sayad**, *L'immigration ou les paradoxes de l'altérité*.

La population active étrangère et immigrée est aujourd'hui moins nombreuse que dans les années 1960 et compte en proportion plus de femmes. Travaillant en majorité dans le secteur tertiaire, elle est la première victime du chômage.

Les faux-semblants

L'immigration, cause de tous les maux de la société française ? Cette accusation est fondée sur des faux-semblants. Chiffres et arguments à l'appui, trois exemples le démontrent.

Le chômage

« Trois millions de chômeurs, ce sont trois millions d'immigrés de trop. » Ce slogan, qui associe crise économique et immigration, est fondé sur une faute de calcul et sur pas moins de trois erreurs d'analyse. Ainsi, les 3 millions d'immigrés auquel il est fait référence sont en fait 1,5 million d'actifs*. D'autre part, un éventuel départ de ces immigrés, tous consommateurs, aurait pour première conséquence de désorganiser l'activité économique. De plus, un Français au chômage ne se précipitera pas pour reprendre le travail occupé par un étranger car la main-d'œuvre n'est pas substituable. Étant donné la diversité des formations, des besoins des entreprises et des aspirations de chacun, les salariés ne sont pas interchangeables.

Enfin, les immigrés sont aussi créateurs d'emplois, notamment dans les secteurs du commerce et des services.

Versailles, janvier 1999 : manifestation du Front national. Un des chevaux de bataille de ce parti d'extrême droite : les immigrés qui, soi-disant, seraient responsables de tous les maux de la société française.

fondements | contexte | mouvements

Le coût social

« Les étrangers coûtent cher. » Au-delà des chiffres, cette affirmation repose sur une aberration : isoler une catégorie de la population française, qu'il s'agisse des immigrés, des personnes âgées, des jeunes ou des handicapés, c'est ne pas comprendre le principe même de fonctionnement d'un système de solidarité qui veut que les uns paient pour les autres, les actifs pour les retraités, etc., et cela toutes nationalités confondues. Quoi qu'il en soit, on notera que les étrangers salariés paient des cotisations et bénéficient de l'essentiel des prestations du système de protection sociale français. Ils cotisent plus qu'ils ne perçoivent pour le régime maladie et pour la retraite, car ils consultent moins souvent un médecin que les Français et sont en moyenne plus jeunes. En revanche, ils perçoivent plus d'allocations familiales qu'ils ne cotisent, car ils ont en moyenne moins de ressources pour relativement plus d'enfants.

« Si un Français me vole, ce Français est un voleur, mais si un Arabe me vole, il n'a pas changé : c'est un Arabe qui m'a volé et rien de plus. » Jean Genet, *Les Paravents*, Gallimard, 1963.

La délinquance

« Les étrangers sont cause d'insécurité. » À première vue, les statistiques sont sans appel. Les étrangers représentent environ 20 % des personnes mises en cause dans des infractions et près d'un tiers des détenus des prisons françaises. Le taux de délinquance des étrangers est trois fois supérieur à celui des Français. Cependant, cet écart est ramené à deux contre un si l'on retranche les délits de clandestinité propres au statut d'étranger (*voir* pp. 32-33).

Par ailleurs, les étrangers font l'objet de contrôles plus systématiques, sont plus souvent incarcérés dans le cadre de procédure de flagrant délit et plus nombreux à être en détention provisoire (c'est-à-dire avant leur jugement). Enfin, la délinquance est surtout le fait d'une population jeune, masculine, moins scolarisée et moins intégrée socialement, autant de caractéristiques que cumulent les étrangers. En ce sens, la surdélinquance étrangère tient plus à une situation sociale qu'à une nationalité.

Le chômage et le déficit de la Sécurité sociale ne sont pas liés à l'immigration en France. La délinquance des étrangers s'explique par une situation sociale défavorisée.

L'école

La réussite scolaire des jeunes issus de l'immigration progresse. Cependant, l'école ne parvient pas à gommer, seule, des inégalités persistantes et qui concernent notamment les enfants d'origine maghrébine.

Les étudiants étrangers

Sur les quelque 128 808 étudiants étrangers inscrits dans les universités en 1999-2000, la moitié sont africains (dont un tiers d'origine maghrébine) et plus d'un sur cinq vient d'un pays de l'Union européenne. Une large partie d'entre eux résident en France pour la durée de leurs études et retourneront dans leur pays d'origine après avoir obtenu leur diplôme.

Moins nombreux mais plus « visibles »

De la maternelle au baccalauréat, l'école a accueilli en France, en 1999-2000, environ 775 000 élèves étrangers, soit 6,4 % des effectifs. Après avoir augmenté dans les années 1960, leur nombre décroît depuis la fin des années 1980 avec la baisse des flux migratoires et de la fécondité des femmes étrangères, ainsi qu'avec la progression des naturalisations*. Cependant, la proportion d'élèves étrangers est très variable selon les départements : entre 1 et 2 % à Rennes ou Poitiers contre près de 30 % dans certaines écoles de la banlieue parisienne. Ces « concentrations » attisent les inquiétudes de ceux qui estiment que ces jeunes issus de l'immigration font « baisser le niveau ».

Même réussite scolaire à même statut social

Certes, par rapport à la moyenne nationale, les enfants d'immigrés connaissent plus de difficultés. Ils sont relativement plus nombreux à fréquenter les classes d'adaptation ou à sortir de l'école sans qualification. Pourtant, toutes les études montrent qu'à même statut social, les jeunes issus de l'immigration réussissent aussi bien que les Français d'origine. L'échec scolaire de ces jeunes n'est donc pas lié à leur nationalité ou à celle de leurs parents mais à une situation sociale en moyenne plus défavorisée.

Effectifs des élèves et étudiants étrangers en France		
	Écoles primaires	Collèges et lycées	Universités
1975-1976	562 994 (7,7 %)	254 581 (5,1 %)	85 578 (11,4 %)
1980-1981	655 716 (9,2 %)	307 417 (6,0 %)	121 211 (13,4 %)
1985-1986	697 213 (10,4 %)	383 539 (7,1 %)	131 979 (13,6 %)
1990-1991	650 900 (9,7 %)	412 226 (7,5 %)	136 015 (11,6 %)
1994-1995	551 849 (8,4 %)	358 456 (6,6 %)	165 350 (11,8 %)
1999-2000	372 268 (5,9 %)	274 771 (5,1 %)	128 808 (9,2 %)

Source ministère de l'Éducation nationale

fondements   contexte   mouvements

Le poids du milieu familial

Les échecs enregistrés révèlent ainsi les faiblesses d'un système scolaire qui ne parvient pas à effacer les inégalités. Toutefois, la naissance ou l'ancienneté en France, l'entourage familial qui maîtrise plus ou moins bien la langue française influent aussi sur les performances de l'élève. La réussite des enfants d'immigrés du Sud-Est asiatique tranche avec les difficultés rencontrées, par exemple, par des enfants de Turcs, récemment installés, et qui ont débuté leur scolarité dans leur pays d'origine.

Le système scolaire en cause

Depuis Jules Ferry au XIXᵉ siècle, l'école a permis à des enfants de diverses origines provinciales ou étrangères de se fondre dans une culture et un savoir communs. Or, pour les immigrés les plus récents, ce modèle est remis en cause.

Dans les années 1970 et 1980, des programmes spécifiques de langues et de cultures d'origine se sont alors multipliés pour favoriser le « droit à la différence ». Mais cette voie a montré ses limites. L'idée selon laquelle les enfants d'immigrés ne constituent pas une catégorie à part a été réaffirmée. Dès 1982, des Zones d'éducation prioritaire (ZEP) ont été mises en place pour renforcer les moyens d'encadrement et d'enseignement dans certains établissements. Si les jeunes d'origine immigrée sont alors plus nombreux à réussir une ascension sociale par rapport à leurs parents, des problèmes sociaux demeurent, que l'école ne peut affronter seule.

> Moins nombreux mais plus « visibles », les jeunes issus de l'immigration sont confrontés à un échec scolaire qui tient plus à leur situation sociale qu'à leur nationalité d'origine.

Les pratiques culturelles

Les immigrés ont en commun des pratiques culturelles spécifiques. Si elles finissent par se mêler aux modes de vie de la société française, elles s'y heurtent parfois.

Une culture d'origine à entretenir

Pour un immigré, parler sa langue maternelle, respecter des traditions culinaires et vestimentaires ou pratiquer sa religion sont autant d'usages et de savoirs qui témoignent d'une volonté de préserver un lien symbolique avec son pays d'origine. Ces pratiques sont entretenues au sein de la famille, dans les relations entre amis ou par

l'intermédiaire d'un réseau associatif. Les associations sportives, culturelles, religieuses, professionnelles ou d'entraides, autour desquelles les immigrés se rassemblent, sont des occasions de manifester publiquement leur présence dans la société française.

Des pratiques différenciées

Cependant, le respect de telle ou telle pratique est variable selon les nationalités. Si les immigrés d'Afrique de l'Ouest*, d'Espagne ou du Portugal se réunissent souvent au sein d'associations communautaires, cette attitude est plus rare chez les immigrés du Maghreb*. De même, la cuisine traditionnelle occupe une place prépondérante chez les immigrés du Maroc, du Sud-Est asiatique et de Turquie, ce qui est moins le cas parmi ceux d'Algérie, d'Espagne et du Portugal. Il apparaît encore que la très grande majorité des immigrés,

fondements   contexte   mouvements

à l'exception des Turcs, parlent et lisent couramment le français aux dépens de leur langue d'origine qui se transmet difficilement aux enfants.

Face à la société française

En fait, ces pratiques culturelles n'étant jamais figées, elles finissent par se mêler ou se juxtaposer aux modes de vie français. Mais ce mélange ne se fait pas sans heurts. Les réticences face à ces « différences » sont courantes, selon qu'elles restent ou non cantonnées à la vie privée ou souffrent d'idées reçues. Par exemple, si les festivités du nouvel an asiatique sont accueillies comme l'expression d'un folklore amusant, à l'inverse, la fête musulmane de 'îd-al-kabîr qui impose à chaque famille d'égorger un mouton, selon un rituel bien défini, suscite des réactions d'incompréhension.

Le cas de l'islam

L'islam s'est implanté en France à travers trois générations d'immigrés. Aux travailleurs maghrébins des années 1960 ayant un rapport lointain avec cette religion ont succédé des familles sédentarisées* qui affirment discrètement leurs croyances. Puis, à partir des années 1980, la montée de l'islam dans le monde va trouver un écho auprès de populations musulmanes qui se sont diversifiées (Maghreb, Pakistan, Afrique de l'Ouest, Turquie). Ainsi, l'islam, aujourd'hui deuxième religion de France avec environ 3 millions de musulmans, ne concerne pas une communauté homogène. Cette religion, très mal connue des non-musulmans, est souvent présentée au grand public à travers ses mouvements extrémistes. La crainte ainsi provoquée fait alors oublier qu'elle est pratiquée dans son immense majorité par des fidèles modérés.

Préservant des liens avec leur pays d'origine, les immigrés entretiennent des pratiques spécifiques qui se heurtent parfois à la société française dans son ensemble.

Apports culturels

L'Histoire a montré que les cultures importées en France finissent par imprégner les pratiques de la société française. Ces apports ont concerné des domaines aussi variés que le sport (le football français influencé par les techniques slaves ou afro-antillaises), la musique (du jazz américain aux sonorités arabes et maghrébines) ou encore la cuisine (des spaghetti italiens au couscous tunisien).

Le modèle d'intégration en jeu

Les modes d'intégration des immigrés varient d'un pays à l'autre. Si la spécificité du cas français a longtemps fait ses preuves, il est aussi régulièrement remis en cause.

Trois conceptions de l'intégration

L'intégration, ou l'assimilation, définit le processus permettant aux immigrés de se mêler à une société qui les accueille pour y vivre en harmonie. Si chaque pays d'immigration adopte une attitude particulière, selon son histoire ou sa situation économique et politique, trois conceptions de l'intégration se distinguent. En France, elle est individuelle : chaque étranger adhère à la société française par sa pratique de la langue, son apprentissage de la culture et sa volonté de participer à la vie de la nation. Aux États-Unis, pays fondé sur le principe du melting pot*, elle est communautaire. Tout en préservant ses particularismes, chaque communauté s'intègre de façon collective dans la société américaine qui est ainsi multiculturelle*. Enfin, en Allemagne, la conception ethnique* de la nation met l'accent sur l'histoire et les liens du sang. Aussi les immigrés turcs, qui ne partagent pas le même passé que les Allemands, accèdent-ils difficilement à la nationalité allemande.

La spécificité française

Le modèle français, hérité de la révolution de 1789, obéit à une logique d'égalité et non de minorité. Si, pour l'étranger, l'accès à la nationalité française est facilité, en contrepartie, son identité et sa culture d'origine sont, sinon effacées, en tous les cas, confinées à la vie privée. L'école, l'emploi, le logement et l'égalité des droits sont les principaux instruments de cette intégration, garantissant des droits et des devoirs. Mais ce modèle qui a fonctionné durant plus d'un siècle est fragilisé par un mouvement de rejet

« Sans nier les différences, en sachant les prendre en compte sans les exalter, c'est sur les ressemblances et les convergences qu'une politique d'intégration met l'accent afin, dans l'égalité des droits et des obligations, de rendre solidaires les différentes composantes ethniques et culturelles de notre société et de donner à chacun, quelle que soit son origine, la possibilité de vivre dans cette société dont il a accepté les règles et dont il devient un élément constituant. »
Pour un modèle français d'intégration,
Haut Conseil à l'intégration, La Documentation française, 1991.

fondements | contexte | mouvements

> « Ce sont les mêmes facteurs qui ont permis à la fois l'assimilation des diverses composantes régionales de la population française dans le passé et l'intégration des millions d'immigrés installés en France dans la période récente. »
> Gérard Noiriel, *Population, immigration et identité nationale en France aux XIXe et XXe siècles.*

des immigrés, notamment maghrébins, jugés difficilement assimilables. Un débat s'est alors engagé. Pour les uns, le modèle doit désormais s'ouvrir aux différences et aux particularismes de chaque communauté. À l'inverse, pour les autres, la défense de l'identité nationale est une priorité à préserver pour éviter de voir se créer sur des critères ethniques une société multiculturelle. Le compromis, défini par le Haut Conseil à l'intégration*, entre le fait d'exalter les différences et au contraire le fait de les lisser, n'empêche pas que la polémique se poursuive.

Une intégration en marche, mais...

Contrairement à certaines idées reçues, l'intégration des immigrés en France est à l'œuvre. D'après les travaux de la sociologue-démographe Michèle Tribalat, des indicateurs prouvent ce phénomène : la déperdition de langues d'origine, la croissance des unions mixtes, l'ouverture à la société française, la mobilité sociale, etc. L'école en est l'un des outils les plus efficaces. Des difficultés demeurent, liées aux inégalités sociales. Et à cette crise sociale se mêle une crise d'identité qui s'accompagne de fortes revendications, surtout parmi les jeunes.

> **L'exception turque**
> Les immigrés turcs, arrivés récemment en France pour la plupart, témoignent d'un certain repli communautaire. Ayant un faible usage de la langue française, ils restent le plus souvent entre eux et entretiennent peu de relations avec la société française. Les mariages mixtes sont rares, le désintérêt pour l'école est relativement marqué et l'ascension sociale des enfants est faible.

Fondé sur une intégration égalitaire et individuelle, le modèle français trouve aujourd'hui ses limites dans des inégalités sociales persistantes.

Un enjeu social

Le problème d'intégration si souvent invoqué ne cache-t-il pas l'incapacité d'une société à proposer des réponses concrètes aux questions que tous, Français et étrangers, se posent sur l'emploi, le logement, etc. ?

« ... Laisser à l'abandon une partie des jeunes de la nation ne sera pour la France qu'une nouvelle amputation. Car la fête est finie, finie. Fini de rire. J'ai peur pour l'avenir... » NTM, groupe français de rap, *Qui paiera les dégâts*, album *Paris sous les bombes*, 1995.

Les jeunes en première ligne de l'exclusion

Pris dans la tourmente de la crise économique, les immigrés n'ont pas eu les moyens de s'adapter. Leurs enfants, arrivés récemment sur le marché du travail, rencontrent d'autant plus de difficultés qu'ils subissent un fort échec scolaire. Les jeunes d'origine maghrébine, les beurs*, sont particulièrement touchés. D'autant qu'à niveau de diplômes équivalents, ils ont plus de mal à trouver un emploi que leurs camarades français d'origine ou portugais. Cette situation suggère qu'il existe des discriminations pour cette catégorie de la population, dont la plupart est française. De telles discriminations se rencontrent aussi au niveau du logement où, à même statut social, les immigrés et leurs enfants sont moins bien lotis que le reste de la population française.

La crise des banlieues

Le « malaise » des banlieues est souvent présenté comme la preuve d'une non-intégration des immigrés en France. Si ces cités concentrent une forte proportion d'étrangers, contrairement à une image

fondements   contexte   mouvements

stéréotypée, elles ne peuvent être comparées à des ghettos dans la mesure où différentes nationalités cohabitent. Quoi qu'il en soit, elles cumulent tous les handicaps :
– un chômage très supérieur à la moyenne nationale,
– des rapports sociaux et familiaux en déliquescence,
– des infrastructures sportives ou culturelles qui font défaut,
– des formes d'enclavement dues à l'insuffisance des modes de communication avec l'extérieur...
L'exclusion frappant en premier lieu le jeune issu de l'immigration se traduit alors par une

recrudescence de la délinquance, de la toxicomanie et d'actes de violence. En ce sens, si problème d'intégration il y a, il est moins dans un refus de ces jeunes à s'intégrer en France que dans l'incapacité des autorités à proposer des réponses adaptées sur des points précis tels que l'emploi, le logement, la culture, etc.

D'une politique de la ville à l'autre

Depuis 1981, la décentralisation* a permis d'élaborer des projets locaux, des Zones d'éducation prioritaires (ZEP) aux Zones à urbaniser en priorité (ZUP), qui s'accompagnent de programmes de Développement social des quartiers (DSQ) et de « contrats de ville » en faveur des quartiers « difficiles ». Ces actions sont relayées par un vaste réseau d'associations qui interviennent dans les domaines du soutien scolaire, de l'aide au logement et de la recherche d'emploi, de l'organisation d'activités culturelles et sportives. Mais ces initiatives encouragées par le ministère de la Ville se révèlent insuffisantes, faute de moyens financiers, de suivis sur le long terme ou de véritable volonté politique.

Les jeunes issus de l'immigration sont les premières victimes d'une exclusion qui s'exprime à travers le problème des banlieues. Les réponses d'ordre social restent en suspens.

Intégration et citoyenneté

L'intégration passe par une reconnaissance des droits civiques. La distinction faite entre étrangers européens et non européens remet à l'ordre du jour la question du droit de vote et de la citoyenneté.

Le droit de vote des étrangers en Europe

Fondant le droit de vote des étrangers sur le principe d'égalité entre toutes les personnes résidant légalement et participant à la vie économique d'un pays, différents États européens ont accordé ce droit. C'est le cas de la Suède (depuis 1975), de la Norvège (1978), du Danemark (1981) et des Pays-Bas (1985).

L'étranger, un citoyen à part ?

Selon la Constitution française, la notion de citoyenneté, qui garantit des droits civils et politiques, et celle de nationalité, qui est la marque d'appartenance à un État, sont étroitement liées. En France, si l'étranger a le droit de travailler et dispose de droits fondamentaux tels que la liberté d'expression, il ne bénéficie d'aucun droit politique. Il ne peut ni voter ni être candidat à des élections locales ou nationales. En 1981, le président de la République, François Mitterrand, projette de modifier cette situation en accordant aux étrangers résidant en France depuis plus de cinq ans le droit de vote aux élections locales. Cette proposition électorale est finalement abandonnée tant elle soulève de contestations. Dix ans plus tard, ce débat qui semblait clos est à nouveau posé par la construction européenne.

> « La citoyenneté compte maintenant trois échelons : le citoyen français qui participe à toutes les élections ; le citoyen de la France locale et de l'Europe ; et le non-citoyen, un étranger installé parfois depuis très longtemps en France et dont les liens historiques avec notre pays sont très étroits. Comment justifier son exclusion de la citoyenneté ? On répondra à cela que ceux qui veulent devenir citoyens peuvent toujours demander la nationalité française. C'est tout à fait juste, sauf que, pour des raisons historiques, une telle démarche est parfois si difficile qu'elle est rarement entreprise : c'est le cas des immigrés d'Algérie. La propension à l'acquisition de la nationalité française est en effet fort variable d'un courant migratoire à l'autre, et ne revêt pas un sens équivalent pour chacun. »
> **Michèle Tribalat, *Faire France*.**

fondements | contexte | mouvements

Une citoyenneté européenne à deux vitesses

En effet, depuis 1992, la ratification du traité de Maastricht rend possibles le droit de vote et l'éligibilité aux élections locales et européennes des ressortissants* de l'Union européenne installés dans un autre État membre. La citoyenneté européenne est ainsi née. Et en France, ce bouleversement profite aux seuls étrangers européens. Il concerne 1,1 million d'immigrés espagnols, portugais et italiens. Mais pour les autres, notamment les immigrés maghrébins installés en France depuis de nombreuses années, cette nouvelle législation est considérée comme discriminatoire. Aussi le débat reste-t-il ouvert.

Les immigrés dans la citoyenneté française

Si plusieurs pays de l'Union européenne ont accordé le droit de vote aux étrangers, la France semble sur ce point réticente à une harmonisation des législations. Les opposants à l'extension de ce droit craignent que s'exprime un vote spécifiquement immigré, lié à telle ou telle nationalité d'origine. Pourtant, ni les étrangers qui participent à la vie politique locale dans certains pays ni les immigrés français en France ne forment un groupe homogène propre à créer des lobbies selon des appartenances ethniques. Au contraire, au même titre que le reste de la population française, les immigrés se partagent indifféremment entre les divers partis politiques en présence, ce qui témoigne plutôt d'une véritable intégration.

En France, citoyenneté et nationalité sont étroitement liées. Pourtant, la construction européenne et l'émergence d'un citoyen européen remettent en cause ce principe, qui ne concerne plus que les étrangers non européens.

En quête d'identité

L'immigration est l'expérience d'un déracinement par rapport à une culture d'origine, réelle ou symbolique. Des identités multiples se construisent et cherchent à s'exprimer au sein de la société française.

« L'identité se construit moins dans le rapport à soi et à l'identique que dans le rapport à l'autre et dans la différence, définie tout à la fois par l'autre et contre l'autre. »
Christian Bromberger, anthropologue, « L'Autre et le semblable », in L'autre et le semblable, ouvrage collectif, Presse du CNRS, 1989.

Entre identités réelles et symboliques

Les immigrés, qui ont en partie perdu les références à leur pays d'origine, ne se considèrent pas forcément comme « tout à fait Français ». Quant à leurs enfants, français pour la plupart, ils se définissent souvent comme étant « entre deux cultures ». L'une, réelle et quotidienne, est le résultat de leur participation à la société dont ils sont les membres. L'autre, plus diffuse, exprime une sorte de fidélité à des origines familiales, connues ou inconnues, mais bien présentes dans les esprits par la façon de se désigner ou d'être désignés : « beurs* », « blacks* », etc. Or, tant qu'ils ont un métier, un logement décent et des liens familiaux, ces « déracinés » gèrent sans trop de difficultés ces identités multiples. Mais pour les autres, sans projet professionnel ou familial à bâtir, la tentation est grande d'un repli vers une communauté autre que « cette France qui les rejette ».

L'islam entre fantasmes et réalités

Ce repli communautaire concerne notamment l'islam. Il peut s'apparenter à une expression identitaire forte incompatible avec la tradition française. Face aux associations musulmanes, qui proposent des réponses concrètes (soutien scolaire, professionnel,

fondements | contexte | mouvements

etc.) et spirituelles à une frange de la population immigrée, en particulier les jeunes, certains parlent d'«islamisation» de la société française. L'immigré est alors assimilé au musulman et le musulman à l'intégriste. Or, à quelques rares exceptions près, ces pratiques religieuses ont des motivations très modérées. La religion comme obstacle à l'intégration, est un argument déjà utilisé en d'autres temps pour les Juifs qui vivent aujourd'hui leur culte en parfaite harmonie dans la société française.

En ce sens, loin d'être une cause de non-intégration, le besoin de religion peut être interprété comme le signe d'une volonté de reconnaissance sociale et par là même d'intégration, sur le mode d'un «islam à la française».

> « *Quand* [des immigrés] *disent que leurs enfants "sont comme ci..." et qu'ils "ne sont pas comme ça..." ou, inversement, qu'ils "sont comme ça..." et qu'ils "ne sont pas comme ci...", cela équivaut à dire qu'ils "sont français ou comme des Français" (ou ce qu'ils croient "être des Français") et, par conséquent, ne "sont pas ou plus algériens, arabes, musulmans, etc." ; inversement, dire qu'ils "sont algériens, arabes, musulmans, etc." et s'en réjouir, cela revient à reconnaître en le déplorant qu'ils "ne sont pas instruits" ou qu'ils "n'ont pas de métiers qualifiés" (comme des Français). Devant ce choix impossible, tout se passe comme s'ils voulaient, pour leur joie et leur peine, que leurs enfants, dans le même temps, soient et ne soient pas, à la fois "comme ci..." et "comme ça..." »* **Abdelmalek Sayad,** *L'Immigration ou les paradoxes de l'altérité.*

Gérer des identités multiples

Au-delà du repli communautaire et des constructions symboliques des identités, il reste des cultures différentes qui cohabitent et cherchent à s'exprimer. De même que les Français d'origine revendiquent certains particularismes régionaux, sociaux ou autres, pour bénéficier d'une reconnaissance parmi les autres, les immigrés et leurs enfants n'échappent pas à cette quête d'identité. Chacun se définit et s'identifie par rapport à des cultures, des pays ou des histoires diverses. Tel jeune «beur» écoute de la musique rap, rêve des paysages du Maghreb*, regarde des téléfilms américains, suit un rite musulman, supporte l'équipe de football de son quartier, etc. Ses références sont multiples, locales, familiales ou mondiales et, dans le même temps, il est bel et bien intégré à la société française.

> Les immigrés et leurs enfants ont en commun d'être souvent « entre deux cultures ». Ces identités multiples cherchent une place dans la société française.

La question de l'Autre

Le thème de l'immigration renvoie à la question philosophique de l'Autre. Son acceptation et la perception de sa différence sont d'autant plus difficiles qu'elles imposent de se définir soi-même.

Cet Autre si étranger

« *L'enfer, c'est les autres* », écrit Jean-Paul Sartre qui replace la question du rapport à autrui aux fondements des interrogations philosophiques. Face au regard de cet Autre qui est « *celui que je ne suis pas* », chacun est confronté à sa propre limite d'être. Cette idée nous ramène à la solitude existentielle. On sait depuis Platon que le « même » et l'« autre » (ou l'identité et l'altérité) sont des termes relatifs qui forment un tout. Pour la psychanalyse, l'identité est conscience et l'altérité inconscience. Cette altérité est non plus seulement « *ce que je ne suis pas* » mais serait aussi ce que « *je ne veux pas être* » et qui a été refoulé dans l'inconscient. Lorsqu'il surgit dans la conscience, cet Autre est alors « d'une inquiétante étrangeté », explique Freud.

Entre « Nous » et « Eux »

L'étranger naît de la difficulté de « penser l'autre ». À défaut d'être abordés comme internes à la société française, les enjeux de l'immigration sont couram-

« *Le durcissement des catégories nationaux/immigrés, phénomène présenté parfois abusivement comme la résurgence d'un nationalisme, témoigne plutôt de l'emprise de la logique de l'identité sur celle de l'altérité : faute de pouvoir penser l'autre comme autre (c'est-à-dire comme celui qui n'est ni semblable à moi, ni différent de moi et qui est donc lié à moi), on en fait un étranger.* »
Marc Augé Aubier, *Pour une anthropologie des mondes contemporains*, 1994.

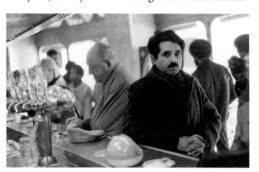

fondements | contexte | mouvements

ment posés dans une opposition entre
« Nous » et « Eux ». D'un côté, « Nous »
a en commun une langue, une histoire
et des pratiques qui en font un tout sym-
boliquement unifié : « notre » identité
française. De l'autre, « Eux » désigne
les étrangers au sens le plus large, venus
d'un ailleurs lointain, perçus comme
différents par essence.

La construction de l'étranger

L'immigré qui, ici en France, partage
les mêmes réalités quotidiennes, fait toujours un peu peur. C'est qu'il est mobile
– il a quitté un pays pour un autre – et
vient d'ailleurs – un autre pays souvent

> « On nous pose aussi souvent
> cette question fatidique :
> – D'où tu es, toi ?
> Alors nous répondons :
> – De Lyon !
> Généralement, ce type de réponse
> fait sourire. On ne l'attendait pas.
> – Non, je veux dire, de là-bas ?
> Alors nous sommes obligés
> de préciser :
> – Ah, mes parents, tu veux dire ?
> – Oui.
> – D'Algérie. De Sétif.
> Dans ce type de dialogue,
> l'Origine sert moins à fonder
> pour comprendre qu'à marquer
> une limite entre moi et l'autre. » ,
> **Azouz Begag et Abdellatif Chaouite,
> Écarts d'Identité.**

mal connu des Français d'origine. L'immigré « nous »
renvoie notre propre image de sédentaire. En réponse,
« nous » accolons à l'étranger des caractéristiques
subjectives. Une construction symbolique s'opère
alors en reprenant des stigmates nourris de fausses
évidences. Celles-ci se rapportent à des modes de vie
présumés (« les Africains sont polygames », « les Asiatiques sont travailleurs »), à la religion (« les musulmans
sont des intégristes ») ou encore à des comportements
déviants (« les Arabes sont des voleurs »).

Définir le Soi pour parler de l'Autre

Éviter cette construction de l'Autre qui mène à
la xénophobie* impose de se définir soi-même. Aussi,
comme le suggère le philosophe Emmanuel Levinas,
« *le lien avec autrui ne se noue que comme responsabilité, que celle-ci, d'ailleurs, soit acceptée ou non, que
l'on sache ou non comment l'assumer, que l'on puisse
ou non faire quelque chose de concret pour autrui.
Dire : me voici. Faire quelque chose pour un autre.
Donner. Être esprit humain, c'est cela* ». Car, explique
un autre philosophe, Michel Serres : « *Tout le monde
vient d'ailleurs, ce qui n'empêche qu'il ne soit chez
lui ici. Il n'y a pas d'étranger et nous le sommes tous. Ici
est partout, il n'y a que des Ici.* »

> L'immigration
> est au cœur
> de la question
> philosophique
> du rapport
> à autrui et par
> là même
> à la conscience
> de soi.

Glossaire

Actif :
voir population active.

Afrique de l'Ouest :
désigne la zone géographique située au sud du Maghreb comprenant notamment d'ouest en est le Sénégal, la Guinée, le Mali, la Côte-d'Ivoire, le Ghana, le Togo, le Bénin, le Nigeria, le Cameroun, le Gabon, le Congo et le Zaïre.

Apatride :
individu n'ayant pas de nationalité légale et n'étant reconnu par aucun État.

Asie :
désigne la zone géographique qui comprend notamment la Chine, le Cambodge, le Laos, le Viêtnam, la Malaisie, les Philippines, l'Inde, le Sri Lanka, le Pakistan et l'Iran.

Beur :
terme d'argot tiré du mot arabe en verlan (à l'envers) qui désigne les jeunes d'origine maghrébine.

Black :
terme d'argot de l'anglais signifiant « noir », qui désigne les jeunes d'origine africaine.

Cosmopolite :
adjectif qui qualifie un ensemble de personnes ou de genres originaires d'une multitude de pays différents.

Décentralisation :
délégation par l'État de ses pouvoirs au niveau des collectivités locales (régions, départements, communes).

Ethnique :
désigne une population selon des critères de langue et de culture communes.

FAS (Fonds d'action sociale) :
cet établissement, sous tutelle du ministère des Affaires sociales, gère un budget et met en place des programmes sociaux et éducatifs pour aider les travailleurs immigrés et leurs familles.

Haut Conseil à l'intégration :
créé en 1989 et composé de 9 membres indépendants, il est consulté (par ministères, associations, etc.) et fait des propositions sur toutes les questions relatives à l'intégration.

HCR (Haut-Commissariat aux réfugiés) :
organisation à caractère humanitaire créée en 1951 et dépendant de l'Organisation des Nations unies, chargée d'assurer la protection des réfugiés dans le monde.

Maghreb :
ensemble géographique comprenant l'Algérie, la Tunisie, le Maroc, la Libye et la Mauritanie.

Mariage ou union mixte :
mariage célébré entre un ressortissant du pays (Français ou Française) et un(e) étranger(ère).

Melting-pot :
caractérise le peuplement des États-Unis au XIXe siècle par le brassage et l'intégration de populations d'origines nationales différentes.

fondements   contexte   mouvements

Multiculturelle :
se dit d'une société qui, à l'exemple des États-Unis, est fondée sur la diversité de communautés ethniques, chacune revendiquant sa propre identité culturelle.

Naturalisation :
procédure administrative par laquelle un étranger accède à la nationalité française.

OFPRA (Office français de protection des réfugiés et apatrides) :
organisme public créé en 1952, chargé d'étudier et de statuer sur les demandes d'asile.

OMI (Office des migrations nternationales) :
créé en 1987 en remplacement de l'ONI* suite à la baisse de l'immigration, cet organisme s'occupe essentiellement du regroupement familial et de promouvoir la présence d'expatriés français à l'étranger.

ONI (Office national de l'immigration) :
créé en 1945 en remplacement de la Société générale d'immigration, cet établissement public a le monopole du recrutement de travailleurs étrangers et de l'introduction des familles en France.

Population active :
ensemble des individus exerçant un emploi rémunéré ou étant à la recherche d'un emploi.

Régime de Vichy :
expression désignant le système de « l'État français » institué du 10 juillet 1940 au 20 août 1944, sous la direction du maréchal Pétain, et dont le siège se trouvait à Vichy. Ce pouvoir, installé sous le contrôle des occupants allemands, abolit toutes les institutions démocratiques et est dénué de toute légitimité républicaine.

Regroupement familial :
procédure administrative menée par l'OMI* visant à organiser l'entrée et le séjour en France de la famille d'un immigré.

Ressortissant :
personne rattachée à l'autorité d'un pays.

Sédentariser (se) :
se dit des populations qui se fixent sur un lieu ou dans un pays.

Travailleurs permanents :
salariés sous contrat à durée indéterminée ou supérieure à un an.

Travailleurs saisonniers :
salariés employés pour une durée limitée à un travail spécifique.

Xénophobie :
crainte, peur, aversion, haine, rejet de celui qui est perçu comme étranger, de ce qui vient de l'étranger parce que supposé menacer un équilibre, une harmonie locale, autochtone.

Bibliographie

AMAR (Marianne) et MILZA (Pierre),
L'Immigration en France au XXᵉ siècle,
Armand Colin, 1990.
Une approche didactique des questions
clés de l'immigration classées par
thème.

BEGAG (Azouz) et CHAOUITE (Abdellatif),
Écarts d'identité,
coll. « Point », Seuil, 1990.
Un petit ouvrage facile à lire qui remet
en place quelques idées reçues sur les
immigrés maghrébins, dans un style
incisif.

BEGAG (Azouz),
Le Gone de Chaâba,
Seuil, 1986.
L'histoire (autobiographique)
d'un enfant d'immigrés de la banlieue
lyonnaise. Plein de malice et d'émotions.

BOURDIEU (Pierre), sous la direction de,
La Misère du monde,
Seuil, 1993.
Un ouvrage de référence. Recueils
de témoignages et d'analyses
sur la crise sociale en France parmi
lesquels l'immigration occupe une place
essentielle.

BERNARD (Philippe),
L'Immigration, les enjeux de l'intégration,
Marabout-le Monde, 1998.
Un ouvrage synthétique et clair,
comprenant un guide juridique utile.

CAVANNA,
Les Ritals,
Belfond, 1978.
Un roman autobiographique drôle et
émouvant sur l'immigration italienne.

INSEE
Les Étrangers en France,
coll. « Contours et caractères »,
Insee, 1994.
Un recueil de données statistiques
sur la population étrangère en France.

KRISTEVA (Julia),
Étrangers à nous-mêmes,
coll. « Folio », Gallimard, 1991.
Un essai sur la notion d'étranger
à travers l'histoire de la pensée
européenne depuis les philosophes
grecs. Très riche et relativement
difficile à lire.

LEQUIN (Yves), sous la direction de,
*Histoire des étrangers
et de l'immigration en France,*
Larousse, 1992.
Un ouvrage très documenté, rédigé
par des historiens de référence.
Indispensable pour qui veut avoir
une vision globale des différents types
d'immigrations et de leurs apports
au fil des siècles.

MILZA (Olivier),
Les Français devant l'immigration,
Éditions Complexe, 1988.
Cet essai retrace l'histoire des comportements des Français face aux immigrés
en s'appuyant sur une analyse
des discours politiques comme des faits
divers qui ont jalonné ce siècle.

NOIRIEL (Gérard),
*Le Creuset français. Histoire
de l'immigration aux XIXᵉ et XXᵉ siècles,*
Seuil, 1984.
Incontournable. Cet ouvrage présente

fondements   contexte   mouvements

une analyse tout à la fois historique
et sociologique qui offre un éclairage
précieux. Mérite qu'on s'y attarde
même s'il est parfois difficile d'accès.

Population, immigration
et identité nationale en France
aux XIXᵉ et XXᵉ siècles,
Hachette, 1992.
En prolongement du précédent,
cet ouvrage met en relief la spécificité
de l'immigration en France et apporte
des analyses pertinentes sur la question
de la nation.

SAYAD (Abdelmalek),
L'Immigration
ou les paradoxes de l'altérité,
Éd. De Boeck, 1991.
Difficile d'accès. Cet essai très pertinent
est un recueil d'articles de fond
et de commentaires de témoignages
d'immigrés.

SCHNAPPER (Dominique),
La France de l'intégration.
Sociologie de la nation en 1990,
Gallimard, 1991.
Cet ouvrage, qui est devenu
un « classique », apporte un éclairage
sociologique sur le rapport entre
immigration et nation.

TAGUIEFF (Pierre-André),
sous la direction de,
Face au racisme,
La Découverte, 1991.
Des problèmes de l'immigration
au racisme, cet ouvrage en deux tomes
réunit des textes d'auteurs de référence
et apporte des arguments précis et
concrets face aux discours xénophobes.

TODD (Emmanuel)
Le Destin des immigrés,
Seuil, 1994.
D'une lecture difficile, cet ouvrage
controversé apporte un éclairage
intéressant sur la manière dont
s'effectue l'assimilation des différentes
populations immigrées en France,
en Allemagne, aux États-Unis
et en Angleterre.

TRIBALAT (Michèle),
Faire France. Une enquête
sur les immigrés et leurs enfants,
La Découverte, 1995.
Une étude inédite sur l'intégration
en France nourrie par des données
chiffrées et des analyses précises.

WEIL (Patrick),
La France et ses étrangers.
L'aventure d'une politique
de l'immigration : 1938-1991,
Calmann-Lévy, 1991.
Un ouvrage historique inédit
et de référence, qui analyse les différentes
politiques mises en œuvre dans
le domaine de l'immigration.

Adresses utiles

ADMINISTRATIONS

Fonds d'action sociale (FAS)
209, rue de Bercy,
75585 Paris Cedex 12
Tél. : 01 40 02 77 01
Site web : www.social.gouv.fr/htm/
pointsur/accueil/fonds.htm

Ministère de l'Emploi et de la Solidarité
Direction de la population et
des migrations
8, avenue Ségur,
75007 Paris
Tél. : 01 40 56 60 00

**OMI (Office des migrations
internationales)**
44, rue Bargue,
75015 Paris
Tél. : 01 53 69 53 70

**OFPRA (Office français de protection
des réfugiés et apatrides)**
45, rue Maximilien-Robespierre
94120 Fontenay-sous-Bois
Tél. : 01 48 76 00 00

**GISTI (Groupe d'information
et de soutien des travailleurs immigrés)**
3, villa Marcès
75011 Paris
Tél. : 01 43 14 84 84
Site web : www.gisti.org

**Service social d'aide
aux émigrants (SSAE)**
58, rue Dessous-des-Berges
75013 Paris
Tél. : 01 40 77 94 00

Inter Service Migrants
2, cité de l'Ameublement,
75011 Paris
Tél. : 01 43 56 20 50

ASSOCIATIONS

CIMADE
176, rue de Grenelle
75007 Paris
Tél. : 01 44 18 60 50
Site web : www.cimade.org

**FASTI (Fédération des associations
de soutien aux travailleurs immigrés)**
58, rue des Amandiers
75020 Paris
Tél. : 01 58 53 58 53

fondements   contexte   mouvements

Index

Le numéro de renvoi correspond à la double page.

Responsable éditorial
Bernard Garaude
Directeur de collection – Édition
Dominique Auzel
Secrétariat d'édition
Anne Vila
Correction – Révision
Claire Debout
Iconographie
Sandrine Batlle
Infographies
Isocèle
Conception graphique
Bruno Douin
Maquette
Ingrid Gerlach
Fabrication
Isabelle Gaudon
Hélène Zanolla

Crédit photos
© D. Chauvet-Milan : pp. 50, 54 /
© Laurent-Gamma : p. 17 /
© Le Bot-Gamma : p. 37 /
© Lounes-Gamma : pp. 4, 53, 56 /
© Mekillon-Gamma : p. 45 /
© Rat-Gamma : p. 42 /
© Larousse-Giraudon : p. 10 /
© P. Massacret-Milan : p. 34 /
© Collection Viollet : p. 13 /
© Rue des archives : p. 29 /
© Pasquini-Sygma : p. 33 /
© DR : pp. 3, 46

*Les erreurs ou omissions
involontaires qui auraient pu
subsister dans cet ouvrage malgré
les soins et les contrôles de l'équipe
de rédaction ne sauraient engager
la responsabilité de l'éditeur.*

**© 2001 Éditions MILAN
300, rue Léon-Joulin,
31101 Toulouse Cedex 1 France**

ISBN : 2-7459-0331-1
D. L. mai 2001.
Aubin Imprimeur, 86240 Ligugé
Impr.